C.H.BECK WISSEN

Nach den Revolutionen des Jahres 1917 und einem blutigen Bürgerkrieg wurde am 30. Dezember 1922 die Sowjetunion gegründet. Am 21. Dezember 1991 löste sie sich auf. Dazwischen liegen 69 Jahre, in denen sie die Welt prägte – durch den stalinistischen Terror, durch ihren Sieg über die Armeen Hitlerdeutschlands, als Atommacht im Kalten Krieg und mit Gorbatschows Entspannungspolitik. Bis heute lastet ihr Vermächtnis auf dem postsowjetischen Raum. Im Inneren brachte sie unter Stalin Hungersnöte, Deportationen, den Gulag und willkürliche Erschießungen. Aber gleichzeitig erfuhr das Land eine grundlegende Modernisierung, war der erste Mann im All ein Sowjetmensch. Susanne Schattenberg durchmisst die Jahre unter dem Sowjetstern und zeigt, wie sie bis heute nachwirken.

Susanne Schattenberg lehrt als Professorin für Zeitgeschichte und Kultur Osteuropas an der Universität Bremen und ist Direktorin der Forschungsstelle Osteuropa.

Susanne Schattenberg

GESCHICHTE DER SOWJETUNION

Von der Oktoberrevolution bis zum Untergang

C.H.Beck

Mit zwei Karten von Peter Palm, Berlin

Originalausgabe

www.chbeck.de
Satz: C.H.Beck.Media.Solutions, Nördlingen
Druck und Bindung: Druckerei C.H.Beck, Nördlingen
Reihengestaltung Umschlag: Uwe Göbel (Original 1995, mit Logo),
Marion Blomeyer (Überarbeitung 2018)
Umschlagabbildung: © shutterstock
Printed in Germany
ISBN 978 3 406 78518 4

myclimate

klimaneutral produziert
www.chbeck.de/nachhaltig

Inhalt

Das sowjetische Jahrhundert

Das 20. Jahrhundert war maßgeblich durch die Sowjetunion geprägt, und man kann es zu Recht das «sowjetische Jahrhundert» nennen. 1917 galt lange Zeit als Beginn der Zeitgeschichte, da in dem Jahr zwei Großmächte die Weltbühne betraten, die das 20. Jahrhundert bestimmen sollten: In Russland wurde das Land der Räte (russ.: Sowjets) ausgerufen, und die USA griffen in den Ersten Weltkrieg ein. Von Beginn an konkurrierten beide Staaten darum, welches gesellschaftspolitische System für Fortschritt, Freiheit und Pioniergeist stand und wer den Titel «Land der unbegrenzten Möglichkeiten» für sich beanspruchen konnte. Angesichts der wirtschaftlichen und politischen Krisen der 1920er und 1930er Jahre in der westlichen Welt, insbesondere infolge des «schwarzen Freitags», des Zusammenbruchs der New Yorker Börse 1929, und des Erstarkens nationalistischer und faschistischer Regime in Europa in den 1930er Jahren erschien die Sowjetunion nicht nur vielen arbeitslosen Arbeitern und Ingenieuren, sondern auch zahlreichen linken Intellektuellen als gepriesenes Land. Der Zweite Weltkrieg und der Sieg über NS-Deutschland verliehen der Sowjetunion auch militärisch den Status einer Weltmacht. Als Atommacht setzte sie den Wettstreit «Kommunismus gegen Kapitalismus» mit den USA im «Kalten Krieg» fort. Er fand unter der Prämisse statt, den Gegner jederzeit mit Atomwaffen vernichten zu können. Mit dem Warschauer Pakt auf der einen und der NATO auf der anderen Seite stützten sich beide Konkurrenten nicht nur auf ein Militärbündnis, sondern versuchten auch über 40 Jahre lang mit militärischem Eingreifen, Geheimdienstoperationen, Wirtschaftshilfen oder Kulturexport Drittstaaten an sich zu binden und die Welt in zwei Lager zu teilen. Mit dem Untergang der Sowjetunion 1991 endete auch der Kalte Krieg, die Teilung des Globus in eine «erste» kapitalistische und eine «zweite» sozialistische Welt. Das 20. Jahrhundert war aber nicht nur davon geprägt, dass die Bolschewiki mit der UdSSR erstmalig versuchten, den Sozialismus in ein Gesellschaftssystem zu gießen und dies global durchzusetzen. Es war auch das «Jahrhundert der Wölfe» oder «Jahrhundert der Vertreibungen», weil die Revolution und der Bürgerkrieg, die Kollektivierung und Deportation der Bauern, der Terror und die Zwangsumsiedlung ganzer Ethnien unter Stalin, der Zweite Weltkrieg und die Sowjetisierung Zentraleuropas nach 1945 enorme Gewalt hervorbrachten und Zigtausende Menschen entwurzelten.

Erklärungsmuster. Die Erklärungsmuster für die Existenz der Sowjetunion sind vielfältig und widersprüchlich. Entscheidend ist, ob Utopie und Fortschritt oder Gewalt und Untergang in den Vordergrund gerückt werden. Anhänger der Totalitarismustheorie erklärten das Funktionieren des sowjetischen Staats mit dem Terror. Demgegenüber sahen seit den 1970er Jahren die Vertreterinnen und Vertreter der Sozialgeschichte die Bevölkerung keineswegs nur als wehrlose Opfer, sondern erkannten in den Arbeiterinnen und Arbeitern gestaltende Kräfte, die aktiv die Kommunistische Partei unterstützten, weil sie von der sozialen Mobilität profitierten. Diesem Streit zwischen Opfer- und Akteursgeschichte setzten die Kulturhistorikerinnen und -historiker seit Anfang der 1990er Jahre eine dritte Perspektive entgegen: Entscheidend war, dass die Bolschewiki die Bevölkerung in allen Medien mit einem Text umgaben, der die Menschen langsam, aber unaufhaltsam durchdrang und unweigerlich dazu führte, dass sie die so vermittelten Normen und Werte, Deutungen und Sichtweisen zu ihren eigenen machten. Eine solche Diskursgeschichte hat viel Kritik auf sich gezogen, u. a. weil sie den Terror nicht ausreichend erkläre. Gleichwohl war es wichtig zu erkennen, dass bolschewistische Propaganda kein oberflächliches Phänomen blieb, das mit der Partei verschwand, sondern in die Menschen einsickerte und dort begann, deren Wirklichkeitswahrnehmung zu strukturieren. In Abwendung von diesem Ansatz wurden zuletzt Gewalttheorien diskutiert, die gleichsam das äußerliche Einwirken von Gewalt auf den Menschen in den

Mittelpunkt stellen. Es geht um die physische, am eigenen Leib erfahrene oder als Augenzeuge direkt beobachtete Gewalt. So hielt nicht nur der Staat die Bevölkerung in Schach, sondern Stalin das Politbüro, da er von jedem Mitglied einen Verwandten hatte ermorden oder ins Lager sperren lassen. Gewaltanwendung wurde damit zu einer eigenen Art «Kommunikationsmittel», mit dem Stalin und seine Schergen Hierarchien, Drohungen und Verhaltensregeln «mitteilten». Auch dieser Ansatz ist eindimensional und ohnehin nur auf die Herrschaft Stalins 1928–1953 anwendbar, da mit seinem Tod auch das willkürliche Verhaften, Foltern und Morden endete. Wie so oft, sind letztlich alle Aspekte wichtig, um sich dem Funktionieren der Sowjetunion anzunähern: der autoritäre Staat, das Agieren der Bevölkerung, die Formung ihres Weltbildes durch den bolschewistischen Diskurs und die Angst vor Verhaftung, Lager und Mord.

Der Parteienstaat. Die Sowjetunion war kein Staat nach westlichem Muster, und doch wird sie fälschlicherweise immer wieder in herkömmlichen Kategorien wie Regierungszeiten und Kabinetten beschrieben. Tatsächlich standen die Partei und das Politbüro mit ihrem Generalsekretär an der Spitze über dem Regierungschef und den Ministern, auch wenn diese Richtlinienkompetenz erst in der Verfassung von 1977 verankert wurde. Immer wieder gab es daher bei westlichen Staatschefs Irritationen, weil sie den Ministerratsvorsitzenden, also den Regierungschef, für ihren Ansprechpartner hielten, dann aber erkennen mussten, dass der tatsächlich tonangebende Mann der Parteichef war. Stalin war seit 1922 Generalsekretär der Kommunisten, aber übernahm erst 1941 den Posten des Ministerratsvorsitzenden; Chruschtschow war seit 1953 Erster Sekretär der Partei, konnte aber erst 1958 das Amt des Regierungschefs für sich reklamieren; Breschnew, der 1964 die Parteiführung übernahm, blieb der Weg an die Regierungsspitze versperrt; er ließ sich daher 1977 zum Präsidenten, zum Vorsitzenden des Präsidiums des Obersten Sowjets, wählen. Wir haben es also in der Sowjetunion mit einer Doppelstruktur auf allen Ebenen zu tun:

Den staatlichen Strukturen bzw. Räten auf regionaler, Republiks- und Unionsebene standen immer entsprechende Parteiorgane gegenüber, die de facto weisungsbefugt waren. Auch wenn laut Verfassung die gesetzgebende Kompetenz bei den Räten lag, handelte letztlich die Partei als Legislative und benutzte die Räte als Exekutive. Das «Land der Räte» war also von Anfang an ein Land der Partei, die sich anfangs Russländische bzw. seit 1925 Allunions-Kommunistische Partei der Bolschewiki (VKP(b)) nannte und erst ab 1952 Kommunistische Partei der Sowjetunion (KPdSU) hieß.

I. Die Entstehung der Sowjetunion (1917–1927)

1. Die Februarrevolution und der Protest der Frauen

Der Winter 1916/17 war der dritte und kälteste Kriegswinter. Sogar der Eisenbahnverkehr kam nahezu zum Erliegen; die Versorgung der Städte mit Getreide fiel zwischenzeitlich aus, und viele Fabriken schlossen mangels Nachschub die Tore. Am Weltfrauentag, dem 8. März, nach damals gültigem julianischen Kalender dem 23. Februar, machten sich die Frauen Petrograds, vor dem Krieg St. Petersburg, ab 1924 Leningrad, auf, um für Gleichberechtigung und Brot zu demonstrieren. Über die zugefrorene Newa marschierten sie zum Sitz des Parlaments, der Duma, und forderten «Brot» und «Nieder mit dem Zaren». Die Menge der unzufriedenen Protestierenden wuchs an den folgenden Tagen auf 200 000 an, da sich den Frauen die streikenden Arbeiter sowie Studenten, Händler und Bürger anschlossen. Der Zar, der als Oberbefehlshaber der Armee im Hauptquartier in Mogiljow weilte und nur schlecht über die Vorgänge informiert war, ordnete am 10. März an, den Protest mit Waffengewalt zu unterdrücken. Tatsächlich eröffneten zwei Regimenter am 11. März das Feuer und richteten ein Blutbad an. Aber die Mehrheit der jungen, unerfahrenen Rekruten und Unteroffiziere erschütterte das Blutvergießen derart, dass sie mit dem Ruf «Sie schießen auf unsere Mütter und Schwestern» den Gehorsam verweigerten. Die Soldaten meuterten und verschafften der Revolution Struktur und Organisation: Sie nahmen strategische Punkte ein, besetzten Brückenköpfe, postierten Wachen, beschlagnahmten das Waffenarsenal und bauten Verbindungslinien per Feldtelefon auf. Die Masse stürmte Polizeistationen und Gerichte, die sie anzündete; sie öffnete Gefängnisse und befreite Gefangene, allen voran die Peter-Pauls-Festung als Symbol des verhassten Regimes und russische «Bastille». Am 15. März 1917, nur sieben Tage nach dem Weltfrauentag und dem Beginn der Februarrevolution, dankte Zar Nikolaus II. (1868–1918) ab.

Das alte Regime der Selbstherrschaft. Der Zar war ein Autokrat – ein Selbstherrscher, der erst 1905, gezwungen durch die erste russische Revolution, Einschränkungen seiner Allmacht zugestimmt und ein Parlament, die Duma, und entsprechend auch erstmals Parteien zugelassen hatte. Kritiker sprachen schon damals von einem «Scheinkonstitutionalismus», weil Nikolaus II. alle entscheidenden Kompetenzen, zumal in der Außen-, Militär- und Finanzpolitik, behielt, das Wahlrecht die Stimme eines Grundbesitzers mit der von 15 Bauern oder 45 Arbeitern gleichsetzte und der Zar die Duma dennoch gleich zweimal als zu liberal auflöste. Gleichwohl unterschied sich das Zarenreich seit 1905 nicht wesentlich von anderen europäischen Kaiserreichen, die ebenfalls den Ersten Weltkrieg nicht überlebten. Den ersten großen Modernisierungsanlauf hatte Zar Alexander II. (1818–1881) unternommen: 1861 mit der Abschaffung der Leibeigenschaft sowie 1864 der Justizreform, die erstmals die Gewaltenteilung und die Unabhängigkeit der Gerichte herstellte. Die Verwaltungsreform 1864 sollte für mehr Mitgestaltung durch die Bevölkerung sorgen. Das Problem war, dass die Bauern nicht «frei» wurden, sondern an ihr Land gebunden blieben, das die Gemeinde verwaltete. Erst 1906, nach der Revolution, bei der zahlreiche Bauern die Gutshäuser plünderten und in Brand steckten, erhielten Bauern das Recht, ihre Scholle zu verkaufen und endgültig in die Stadt zu ziehen. Bis 1906 hatten sich die Zaren 45 Jahre lang geweigert anzuerkennen, dass sich die Gesellschaft weiterentwickelte und aus den dienstbaren Bauern längst unabhängige Wanderarbeiter in den Städten geworden waren.

Bauern, Bürger, Terroristen. Gleichwohl bestand auch 1917 die Bevölkerung noch zu 80 Prozent aus Bäuerinnen und Bauern und nur zu neun Prozent aus Arbeiterinnen und Arbeitern. Die Weigerung, die Bauern in die Selbständigkeit zu entlassen, war auch ein Hemmschuh für die wirtschaftliche Entwicklung. Weder konnten sich auf dem Land Großbauern etablieren, weil es vor 1906 kaum Land zu kaufen gab, noch konnten Arbeiter in den Städten eigene Betriebe aufbauen, weil sie immer noch auf dem Land abgabepflichtig waren. Neben dem Stand der Kaufleute waren es daher zu 50 Prozent Ausländer, die seit den 1890er Jahren in Russland Filialen gründeten und die Kohle- und Stahlindustrie aufbauten. Aber nicht nur der Hochadel zeigte, wie überall in Europa, wenig Interesse daran, sich zu Unternehmern zu wandeln. Auch das Bürgertum als tragende Schicht eines modernen Staates entwickelte sich spät, da die Städte ihren Einwohnerinnen und Einwohnern keinen privilegierten, «freien» Status verliehen und erst 1870 eine größere Eigenständigkeit in der Selbstverwaltung erhielten. Gleichwohl erwuchs aus dieser auf Grundbesitzern und Bauern gegründeten Standesgesellschaft im Laufe des 19. Jahrhunderts eine Schicht von Intellektuellen, die Intelligenzija. Sie studierten im westlichen Ausland und brachten viele Ideen, wie die eines modernen Staates, der Gewaltenteilung und der Bürgerbeteiligung, mit nach Russland. Oft waren sie es, die das Zarenreich auf allen Ebenen als rückständig beschrieben: der Staat verspätet, das Bürgertum schwach, die Bauern tumb, was später unhinterfragt von den Bolschewiki sowie westlichen Historikern und Historikerinnen gleichermaßen übernommen wurde. Diesen «Westlern» widersprachen die sogenannten slawophilen Intellektuellen und Kaufleute, die keineswegs glaubten, dass Russland am westlichen Staatswesen genesen werde, sondern Werte wie die slawische Gemeinschaft oder den orthodoxen

Glauben hochhielten. Wie sehr die Gesellschaft zwischen westlichen Aufklärern und Slawophilen oder auch zwischen Reformern und traditionell lebenden Bauern gespalten war, ist stark umstritten.

Unbestritten ist hingegen, dass manche Studierende aus dem westlichen Ausland auch die Ideen von Anarchismus und Sozialismus mitbrachten: Nach ihren ersten vergeblichen Versuchen, die bäuerliche Bevölkerung wachzurütteln und dazu zu bewegen, sich für ihre Rechte einzusetzen, entschlossen sie sich, Staat und Gesellschaft mit Attentaten zur Abkehr von der Autokratie zu bewegen. In der ersten Terrorwelle der 1870er/80er Jahre erschoss die Organisation «Land und Freiheit» 1881 Zar Alexander II.; während der zweiten Terrorwelle der 1900er Jahre ermordete die Untergrundorganisation der «Sozialrevolutionäre» neben Tausenden anderen Staatsrepräsentanten 1911 den Ministerpräsidenten Pjotr Stolypin (1862–1911), der sowohl die brutale Verfolgung aller an der Revolution von 1905 Beteiligten als auch wichtige Staatsreformen verantwortet hatte.

Ein europäisches Imperium. Neben dem Terror hatten der Zar und seine Gouverneure seit dem 19. Jahrhundert auch mit den aufkommenden Nationalbewegungen und -erhebungen zu kämpfen. In der ersten Revolution von 1905 hatten sich keineswegs nur russische Arbeiter, Bauern und Matrosen erhoben, sondern auch Esten, Letten, Litauer, Finnen, Ukrainer, Weißrussen und Georgier. Im Unterschied zu den anderen europäischen Großmächten hatte sich Russland seine Kolonien nicht in Übersee gesucht, sondern sein Territorium seit dem 16. Jahrhundert weiter nach Westen, Süden und Osten ausgedehnt. 1654 hatte es einen Beistandsvertrag mit der Ukraine geschlossen und diese nach und nach ins Reich integriert, 1771 die Krim den Tartaren geraubt und 1721 das Baltikum im Krieg erobert. Finnland fiel durch den Tilsiter Frieden 1808/09 an Russland, Polen hatte es mit Preußen und Österreich seit 1768 in drei Teilungen annektiert und nach dem Aufstand von 1831 endgültig ins eigene Reich eingegliedert. Nach der Westexpansion folgte Anfang des 19. Jahrhunderts die Besetzung des Kaukasus, die der Zar erst nach einem langen, blutigen Krieg 1864 für beendet erklärte. Nahezu zeitgleich schlossen die zarischen Truppen die Unterwerfung Zentralasiens ab und gründeten 1867 das Generalgouvernement Turkestan, das als «echte» Kolonie galt, dessen Einwohner als «rückständige Eingeborene» behandelt wurden. Während in vielen anderen Provinzen Russland keineswegs eine kulturelle Überlegenheit behauptete und die lokalen Eliten in den eigenen Adel integriert hatte, eiferte es mit Turkestan den anderen europäischen Kolonialmächten nach, die ebenfalls ihre vermeintliche zivilisatorische Überlegenheit anhand ihrer Kolonien in Übersee zur Schau stellten. Russland war bis 1917 eine der fünf europäischen Großmächte, die zwar v.a. mit Großbritannien um das Erbe des Osmanischen Reichs konkurrierte und Kriege führte, zuletzt aber erfolgreich ein Bündnis sowohl mit dem republikanischen Frankreich als auch mit den Briten eingegangen war.

Der Erste Weltkrieg: Katalysator des Zerfalls. Als Deutschland am 1. August 1914 Russland den Krieg erklärte, befand sich das Zarenreich in einer prekären Lage. Seit der Ermordung Stolypins 1911 fand sich die Regierung im Stillstand, die staatstragenden Parteien in der Duma hatten sich restlos zerstritten, und die revolutionären, teils verbotenen Parteien agitierten selbst aus dem Exil erfolgreich die Arbeiter. Allein in den zwei Jahren vor Kriegsausbruch hatte es 9000 Streiks gegeben. Das 1912 mit finanzieller Unterstützung des Schriftstellers Maxim Gorki (1886–1936) gegründete und vom späteren Außenminister Wjatscheslaw Molotow (1890–1986) geleitete Parteiorgan der Bolschewiki «Prawda» lasen täglich 40 000 Arbeiterinnen und Arbeiter. Bis 1914 hatten die Bolschewiki sämtliche Gewerkschaften in Moskau und St. Petersburg unter ihre Kontrolle gebracht. Daher war die zarische Regierung geradezu erstaunt, dass die Bevölkerung angesichts der Mobilmachung nicht sofort revoltierte, sondern es sogar zu patriotischen Kundgebungen kam. Das eigentliche Problem hatte die Regierung selbst geschaffen: Weder gab es genug Gewehre für die anfangs aufgebotenen 6,5 Millionen Soldaten, noch waren diese ausreichend ausgebildet. Sowohl die russische Militärführung als auch die verbündeten Franzosen und Briten hatten sich darauf verlassen, dass Russland allein mit der Masse an Soldaten den Feind besiegen werde; doch das sollte sich als Illusion erweisen. Der schlechte Zustand der russischen Armee führte zu extrem hohen Verlusten wie in der Schlacht von Tannenberg gleich im August 1914, wo Russland eine Viertelmillion Soldaten verlor. So blieb die «russische Dampfwalze» aus, und Russland fehlte 1916 der Nachschub an Soldaten.

Noch verheerender wirkten die staatlich angeordneten Säuberungen unter all jenen, die im Verdacht standen, das Herannahen der Deutschen zu begrüßen. Insgesamt wurden von der Westfront bis zu eine Million Menschen deportiert. Hinzu kamen allein 1915 3,3 Millionen einheimische Flüchtlinge, die die russische Armee aus der Grenzregion vertrieb, weil sie dem Feind nur verbrannte Erde überlassen wollte, und alle Dörfer anzündete, selbst als das Oberkommando den Befehl dazu revidierte. Gleichzeitig spitzte sich die Situation im Kaukasus zu, wohin angesichts des Völkermords an den Armeniern Tausende Schutzsuchende aus dem Osmanischen Reich flüchteten, die sich zum Selbstschutz zu Milizen zusammenschlossen und sich mit anderen Ethnien blutige Kämpfe lieferten. Angesichts des Nachschubmangels entschied sich Nikolaus II. im Sommer 1916, erstmals die Muslime im Kaukasus und in Zentralasien zum Arbeitsdienst in die Armee einzuberufen. Die Reaktion waren bewaffnete Aufstände von einem solchen Ausmaß, dass der Zar einen seiner Generäle von der Westfront abzog, damit er mit seinen Truppen die revoltierenden Muslime in Zentralasien niederschlug.

Während sich die Lage an der Front 1916 stabilisierte und die Armee erste territoriale Gewinne gegenüber Österreich-Ungarn und dem Osmanischen Reich erkämpfte, löste sich das Land im Innern auf, auch weil angesichts der schlechten Versorgungslage Arbeiterinnen und Arbeiter seit Herbst 1915 zunehmend streikten. Der Zar hatte das Land nicht mehr im Griff und tauschte allein 1916 dreimal den Ministerratsvorsitzenden aus. Die Lage schien so ausweglos, dass die führenden Kreise eine Absetzung

Nikolaus' erwogen und schließlich aus Verzweiflung Ende Dezember 1916 den Wandermönch Rasputin (1869–1916) ermordeten. Sie hofften, mit dem Ende seines Einflusses auf die deutsche Zarin werde ihr unglücklich agierender Mann Russland doch noch vorm Abgrund retten. Doch es kam anders.

Die Doppelherrschaft. Kurz bevor er und seine Familie 1917 unter Hausarrest gestellt wurden, hatte der letzte Zar noch die Duma aufgelöst. Doch die Duma-Abgeordneten gründeten ein «Provisorisches Komitee», das den rechten Flügel des Taurischen Palais, des Parlamentssitzes, bezog, während Soldaten und Arbeiter das Gebäude stürmten und im linken Flügel den Petrograder Rat der Arbeiter und Soldatendeputierten etablierten. Damit begann die Zeit der Doppelherrschaft: Die einen bezogen ihre Legitimierung aus der letzten Wahl, die anderen von der Straße. Da die im Arbeiterrat versammelten Parteien der Sozialrevolutionäre, der Menschewiki und Bolschewiki alle Sozialisten waren, die daran festhielten, dass eine bürgerliche Revolution einer proletarischen vorausgehen müsse, forderten sie die Mitglieder des Dumakomitees auf, sie sollten eine bürgerliche Provisorische Regierung aufstellen. In den sieben Monaten bis zur Oktoberrevolution erlebte Russland vier Regierungen: zwei geführt von Fürst Georgi Lwow (1861–1925), Mitglied der Partei der Konstitutionellen Demokraten, kurz: Kadetten, wichtigste bürgerlich-liberale Kraft seit 1905, die Russland in eine moderne Demokratie verwandeln wollten, und zwei unter dem liberalen Anwalt Alexander Kerenski (1881–1970), seines Zeichens Sozialrevolutionär, dem aber ebenfalls eine Demokratie mit Verfassung vorschwebte. Der häufige Wechsel zeigt das Dilemma der Provisorischen Regierung: Sie hatte sich auf die Herstellung von Ruhe und Ordnung sowie das Gewähren von bürgerlichen Freiheiten und Amnestien einigen können, aber vier zentrale Fragen bewusst offengelassen: Über die künftige Staats- und Regierungsform sollte eine konstituierende Versammlung entscheiden, die erst im Dezember gewählt wurde. Erst die Konstituante sollte über die Frage von Landenteignungen, das Selbstbestimmungsrecht der Völker und einen Friedensschluss befinden. Während die Provisorische Regierung den Krieg fortführte, rief der Petrograder Sowjet gleich mit seinem ersten Befehl Mitte März 1917 die Soldaten dazu auf, in allen Truppenteilen Komitees zu wählen und einzig den Befehlen des Arbeitersowjets Folge zu leisten, was letztlich zu massenhafter Befehlsverweigerung und Fahnenflucht führte. Auch die Ethnien und Nationen der einst ins Zarenreich eingegliederten Länder begannen sich zu organisieren und zu erheben. Die nationalen sozialistischen Parteien sprachen sich auf zwei Kongressen im Mai und September 1917 für eine Russländische Föderation aus, die Muslime für eine eigene Nationalversammlung; nur die Ukraine erklärte sich bereits im Juni 1917 für souverän.

Lenin und die Bolschewiki. In dieser Situation, einen Monat nach der Abdankung des Zaren, traf am 16. April Lenin in Petrograd mit dem erklärten Ziel ein, die Dinge zu beschleunigen, die Macht der Provisorischen Regierung zu entreißen und umgehend die «Diktatur des Proletariats» einzuführen. Seit 1900 war er im Exil gewesen und hatte zuletzt verzweifelt nach einem Weg gesucht, ins Zentrum des Geschehens zu gelangen, der aber durch die Front versperrt war. Da das Deutsche Reich darauf hoffte, Lenin werde die Front zersetzen, finanzierte es seinen Zug, der ihn über Finnland nach Hause brachte. Als er dort, kaum angekommen, seine Aprilthesen vorstellte, waren selbst die Bolschewiki ob ihrer Radikalität schockiert. Lenin forderte die konsequente Bekämpfung der Provisorischen Regierung, die Übernahme der Macht durch die Räte und die sofortige Enteignung allen Grundeigentums.

Lenin, bürgerlich Wladimir Uljanow (1870–1924), stammte aus niederem Adel von der mittleren Wolga und profitierte selbst lange Zeit von den Einkünften aus seinen Ländereien. Sein Leben nahm eine entscheidende Wendung, als sein Bruder für den Versuch, den Zaren zu ermorden, 1887 hingerichtet und er selbst darauf von der Universität relegiert wurde. Er begann, Marx zu lesen und in St. Petersburg Gleichgesinnte zu treffen. Bereits hier stach er als Radikaler hervor, der die Ideen des Sozialismus mit den terroristischen Praktiken von «Land und Freiheit» anreicherte. Auch ihm schien es müßig, darauf zu warten, dass das unterdrückte Volk endlich seine Situation begreife und sich selbst befreie. Daher entwickelte er das Konzept einer kämpfenden Avantgarde, die mit Gewalt den Umsturz herbeiführen müsste. An dieser Frage zerbrach 1903 die damals verbotene Sozialdemokratische Arbeiterpartei Russlands und spaltete sich auf in die Menschewiki (russ. «Minderheit»), die die Arbeit mit den Massen als richtigen Weg sahen, und die Bolschewiki (russ. «Mehrheit»), die das Vorpreschen einer kleinen Elite befürworteten.

Zurück in Petrograd, gelang es Lenin, seine Parteigenossen, allen voran Josef Stalin (1878–1953) und Jakob Swerdlow (1885–1919), davon abzubringen, weiter die Provisorische Regierung zu unterstützen und stattdessen zur Konfrontation überzugehen. Während der Erste Kongress der Räte unter Leitung von Sozialrevolutionären und Menschewiki im Juni die Zusammenarbeit mit der Regierung, in der inzwischen sechs sozialistische Minister saßen, bestätigte, profitierte Lenin von der Unzufriedenheit der Massen. An die 500 000 Demonstranten forderten am 1. Juli «Alle Macht den Sowjets!» Die Ereignisse eskalierten, als Anfang Juli angesichts der gescheiterten Kriegsoffensive die Anarchisten zusammen mit dem Kronstädter Soldaten-Sowjet zum bewaffneten Aufstand aufriefen, den die Provisorische Regierung erst nach drei Tagen beenden konnte. Daraufhin verbot sie die Bolschewiki, Lenin flüchtete, Fürst Lwow gab auf, und Kerenski kam ins Amt. Doch dessen gescheiterter Versuch, die politischen Kräfte bei einer «Staatskonferenz» Ende August zu einen, und der ebenso gescheiterte Putschversuch des Militärs im September offenbarten nur den Kontrollverlust. Angesichts der Gewalt auf den Straßen und der leeren Läden gewannen die Bolschewiki immer mehr an Zuspruch. Sie machten sich die Parolen der Straße zu eigen und versprachen Brot für die Arbeiter, Land für die Bauern und Frieden für die Soldaten.

2. Die Oktoberrevolution – Putsch der Bolschewiki

Trotzki und die Organisation des Putsches. Die Oktoberrevolution war ein Putsch der Bolschewiki, den das Zentralkomitee (ZK) der Partei beschloss und unter Leo Trotzkis (1879–1940) Regie – nicht Lenins und nicht Stalins – am 7. November 1917 (alt: 25. Oktober) durch Besetzung aller strategisch wichtigen Punkte in Petrograd umsetzte. Trotzki war seit September nicht nur Vorsitzender des Petrograder Sowjets. Er führte auch das Militärische Revolutionskomitee, das zur Verteidigung der Räte gegründet worden war. Lenin, der heimlich aus dem finnischen Exil anreiste, hielt den Zeitpunkt für günstig, weil ihm die Unzufriedenheit der Massen in die Hände spielte und er auf jeden Fall dem für den 7. November einberufenen Zweiten Kongress der Sowjets zuvorkommen wollte, der eine Koalitionsregierung der Menschewiki und Sozialrevolutionäre favorisierte. Lenin setzte den Staatsstreich mit zehn Stimmen gegen Grigori Sinowjew (1883–1936) und Lew Kamenew (1883–1936) durch; beide sollte Stalin später ermorden lassen. Mit Ausnahme eines Schusses des Panzerkreuzers «Aurora» verlief die Machtübernahme nahezu geräuschlos. Das Winterpalais wurde umstellt, die Minister nahm man gefangen. Nur Kerenski gelang die Flucht; er setzte sich in die USA ab. Ein Blutvergießen mit Hunderten von Toten gab es nur in Moskau, wo die Truppen zehn Tage lang die Provisorische Regierung verteidigten. In Petrograd verließen die meisten anderen sozialistischen Parteien aus Protest gegen den Putsch den Zweiten Rätekongress, der spät am Abend des Revolutionstages begann.

Volkskommissare statt Verfassung. Lenin setzte um, was er versprochen hatte: Er ließ vom Rätekongress seine ersten zwei Dekrete «Über den Frieden» und «Über den Boden» absegnen. Darin verfügte er den sofortigen Austritt aus dem Krieg und die Vergemeinschaftung allen Grund und Bodens. Außerdem setzte der Kongress als Regierung einen Rat von Volkskommissaren ein, dem Lenin vorsaß und der den Zweck hatte, die Macht der Räte und ihrer regierenden Exekutivkomitees auszuhebeln. Dieser Rat der Volkskommissare verkündete nur wenige Tage später das Recht aller Völker auf Selbstbestimmung und Bildung eigener Staaten; Ende November stellte er alle Fabriken unter die Kontrolle von Arbeiterkomitees. Es folgten die Abschaffung des Beamtentums, die Aufhebung aller Dienstgrade in der Armee und die Einsetzung des Obersten Volkswirtschaftsrats zur Kontrolle der Wirtschaft; auch die Banken wurden verstaatlicht.

Doch diese Schritte änderten nichts an den politischen Mehrheitsverhältnissen. Bei der lang erwarteten Wahl zur Konstituante am 8. Dezember erzielten die Bolschewiki nicht einmal ein Viertel aller Stimmen. Also griffen sie auch hier zur Gewalt: Sie erklärten die Kadetten, die bedeutendste bürgerlich-demokratische Partei, zu Volksfeinden und ließen ihre Parteiführer verhaften. Sie schränkten die Pressefreiheit für alle nicht bolschewistischen Organe ein und verwüsteten ihre Redaktionen, damit die nicht länger von einem Putsch sprachen. Als am 18. Januar 1918 die verfassungsgebende Versammlung zusammentrat und erwartungsgemäß den Bolschewiki nicht die Regie übertrug, ließ Lenin sie mit Gewalt auflösen und zwei der inhaftierten Kadettenführer ermorden. Alle verbliebenen, linken Parteien ließen die Volkskommissare bis Mitte 1918 zu Konterrevolutionären erklären und verbieten.

Im Februar 1918 beschlossen die Volkskommissare die Umstellung der Zeitrechnung auf den in der westlichen Welt gültigen gregorianischen Kalender. Dieser Schritt war auch gegen die Kirche gerichtet, die an der alten Zeitrechnung festhielt und fortan Weihnachten am 7. Januar feierte. Die Bolschewiki verboten die religiösen Feiertage, den Religionsunterricht, die kirchlichen Sakramente, wie Taufe und Eheschließung, und konfiszierten das Eigentum der Kirche.

Der Rote Terror. Noch im Dezember 1917 gründete der Rat der Volkskommissare unter Lenin die Geheimpolizei, die bis zum Ende der Sowjetunion ein zentrales Herrschaftsinstrument bleiben sollte. Anfangs hieß sie «Sonderkommission zum Kampf gegen Konterrevolution und Sabotage», kurz: Tscheka, ab 1922

GPU und ab 1934 NKWD, seit 1946 MGB und erst nach 1954 KGB – Komitee für Staatssicherheit. Unter dem Vorwand, die Revolution vor ihren Feinden schützen zu müssen, schreckten ihre Agenten unter Lenin und Stalin vor keiner Art von Folter und Mord zurück. Ebenfalls Ende 1917 wurden reguläre, zur Unabhängigkeit verpflichtete Gerichte durch von Arbeiteraktivisten geleitete Revolutionstribunale ersetzt. Nach einem Attentat auf Lenin im September 1918 erklärte der Rat der Volkskommissare den «Roten Terror»: Alle Klassenfeinde sollten in «Konzentrationslager» gesperrt, alle Kontrahenten im beginnenden Bürgerkrieg, Verschwörer und Aufrührer erschossen werden. Als «Roter Terror» werden aber nicht nur diese Maßnahmen zur Zeit des Bürgerkriegs, sondern sämtliche Gewalttaten der Bolschewiki gegen ihre politischen und gesellschaftlichen Gegner bezeichnet. Erst nach dem Tod Stalins 1953 versuchte der KGB, sein blutiges Image loszuwerden und sich als «Erziehungsinstitution» zu präsentieren, die Zweifelnde erst ermahnte, dann verwarnte und erst auf Stufe drei verhaftete. Dem Blutrausch der Anfangszeit folgte die Doktrin der Geräuschlosigkeit.

3. Der Bürgerkrieg (1918–1922)

Trotz der entschiedenen Umsetzung ihres Programms konnten die Bolschewiki ihre Macht nicht festigen; das gelang ihnen erst durch den Sieg im Bürgerkrieg. Lenin hatte schon lange vor 1917 darüber philosophiert, dass der Bürgerkrieg die Fortsetzung der proletarischen Revolution mit anderen Mitteln sei, und begrüßte ihn als Kampf gegen die Reste der bürgerlichen Gesellschaft und damit des Klassenfeindes. Anders als der Stellungskrieg 1914–1917 bedeutete der Bürgerkrieg die ständige Verschiebung von Truppenverbänden und Frontlinien, die daher eher Kampfzonen waren. Es gab Gebiete, die an die 20 Mal neu erobert wurden und die Plünderung, Vergewaltigungen und Erschießungen von «Kollaborateuren» durchlitten. Gegen die «Roten», die Bolschewiki, kämpften die «Weißen», ein Oberbegriff für alle antibolschewistischen Kräfte von linken Sozialrevolutionären über die bürgerlichen Kadetten bis hin zu den Anhängern des Zaren und der Monarchie. Als «Grüne» oder auch «dritte Kraft» wurden jene Bauern bezeichnet, die sich vor der Zwangsrekrutierung durch die Bolschewiki, aber auch durch die Weißen in die Wälder bzw. in Sibirien in die Tundra und in Zentralasien in die Steppe flüchteten und dort ihre eigenen Kampfeinheiten aufstellten. Der Bürgerkrieg war daher nicht nur im Frontverlauf, sondern auch hinsichtlich der sich bekämpfenden Gruppierungen unübersichtlich und vielschichtig: der Kampf der Roten und Weißen um die Staatsform, der Kampf der Völker an der Peripherie um ihre Unabhängigkeit, der Kampf der Bauern um ihre Selbstbestimmung, die Intervention der Entente-Mächte, um Russland weder den Bolschewiki noch Deutschland zu überlassen. Der Bürgerkrieg war zudem eine unheimliche Gewaltorgie, bei der keine Seite der anderen nachstand. Für die Bevölkerung war oft nicht zu erkennen, wer gerade raubte, mordete, vergewaltigte. Zwischen 1917 und 1922 ermordeten nicht nur Weiße, sondern auch Rote 200 000 Jüdinnen und Juden.

Brest-Litowsk und das Ende des Imperiums. Nur Deutschland und seine Verbündeten nahmen Lenins Einladung zu Friedensverhandlungen an, die Ende Dezember 1917 im Niemandsland der Front in Brest-Litowsk begannen und die Trotzki bald in eine Sackgasse führte. Beide Seiten beanspruchten für sich, die Völker Russlands befreien zu wollen: die Deutschen unter ihrem Protektorat, Trotzki durch den Abzug der Deutschen. Das Patt nutzte das deutsche Militär, um im Februar 1918 weit ins Innere des russischen Imperiums vorzudringen. In Reaktion darauf verlegten die Bolschewiki im März die Hauptstadt von Petrograd nach Moskau. Da das russische Militär zu keinem Widerstand mehr fähig war, blieb Lenin keine andere Wahl, als Trotzki als ersten Volkskommissar für Äußeres abzusetzen und den «Diktatfrieden» vom 3. März 1918 zu akzeptieren. Damit verlor Russland ein Drittel seines europäischen Territoriums und seiner Bevölkerung, die nun de jure unabhängig, de facto aber von deutschen Truppen besetzt waren. Die Ukraine hatte bereits während der Verhandlungen beansprucht, sich selbst zu vertreten, am 9. Februar 1918 einen Separatfrieden mit Deutschland unterzeichnet und wurde nun unter deutscher Aufsicht unabhängig. Ebenfalls unter deutschem Protektorat folgten Polen und die baltischen Staaten in die Unabhängigkeit. Finnland hatte bereits Ende 1917 seine Eigenstaatlichkeit erklärt. Das jahrhundertelang zwischen Russland und dem Osmanischen Reich umkämpfte Bessarabien erklärte sich unter rumänischem Schutz als Moldawische Republik selbständig, nur um sich danach Rumänien einzugliedern. Im März und April 1918 verließen Weißrussland und die Transkaukasische Föderation das Restimperium; Letztere löste sich kurz darauf in die Staaten Armenien, Georgien und Aserbaidschan auf. Auch Turkestan, Kasachstan, Baschkirien und der Nordkaukasus erklärten sich autonom. Die Auflösung des Imperiums hatte gravierende Folgen: Abgeschnitten von der «Kornkammer» und der Schwerindustrie der Ukraine, verschlimmerten sich Hunger und Arbeitslosigkeit in den russischen Städten, die Bolschewiki verloren weiter an Rückhalt bei ihrer Klientel, und die Entente-Mächte fielen von allen Seiten in Russland ein: Briten, Franzosen und US-Amerikaner von der Ostsee, dem Weißen, Schwarzen, Kaspischen und Japanischen Meer aus, die Japaner ebenfalls zur See sowie über China; schließlich auch das Osmanische Reich, das aserbaidschanische Truppen im Kaukasus unterstützte und als Türkei 1921 im Krieg gegen Georgien große Gebiete erobern konnte.

«Weiße» gegen «Rote». Der Bürgerkrieg lässt sich grob in drei Phasen teilen: das zweite Halbjahr 1918, als sich die Kämpfe im Wolgagebiet konzentrierten; 1919, als die Weißen Truppen in einer Zangenbewegung die Bolschewiki derart in die Enge trieben, dass sie beinahe das Blatt gewendet hätten; 1920, als die Rote Armee sukzessiv nahezu alle Territorien, einschließlich Ukraine, Weißrussland, Kaukasus und Zentralasien, zurückeroberte. Eine nicht unwesentliche Rolle spielte die 40 000 Mann starke Tschechoslowakische Legion, die aus österreich-ungarischen Kriegsgefangenen bestand. Die Bolschewiki hatten ihnen freies Geleit nach Wladiwostok zugesichert, doch im Juni 1918 erhoben sie ihre Waffen gegen diese und besetzten innerhalb kürzester Zeit die komplette Trasse der Transsibirischen Eisenbahn. Das ermutigte die Entente zum Eingreifen. Als die Tschechoslowaken auf Jekaterinburg im Ural vorrückten, wo der Zar mit seiner Familie interniert war, ließ Lenin die Romanovs in der Nacht zum 17. Juli 1918 exekutieren.

Parallel dazu hatten sich hundert vertriebene Delegierte der Konstituante, vor allem Sozialrevolutionäre, nach Samara an die mittlere Wolga geflüchtet, um von dort die Bolschewiki zu bekämpfen. Mit Hilfe der Tschechoslowakischen Legion eroberten sie Simbirsk und Kasan und riefen einen Gegenstaat aus. Auf Drängen der Entente versammelten sich im September 1918 Vertreter der verschiedenen Gruppierungen und Militärs in Ufa zu einer «Allrussischen Staatskonferenz». Doch noch während sie heftig über ein Direktorium als neue Provisorische Regierung stritten, eroberte die Rote Armee die Mittelwolga zurück. Nur zwei Monate später erklärten die monarchistischen Kreise den Befehlshaber der Weißen Truppen in Sibirien, Alexander Koltschak (1874–1920), zum «obersten Herrscher»; damit war das letzte demokratische Experiment vorbei.

1919 rückte Koltschak von Sibirien aus erneut in das Wolgabecken vor; er profitierte davon, dass von März bis August 1919 30000 «Grüne» ein großes Gebiet unter ihre Kontrolle brachten, die gegen die Konfiskationen, für freie Wahlen und das Ende der bolschewistischen «Kommissarokratie» kämpften. Aber Koltschak konnte Trotzki und seinen Panzerzügen nichts entgegensetzen, der die Weißen entlang der Transsibirischen Eisenbahnlinie bis Irkutsk aufrieb. Das Verhängnis der Weißen war, dass es ihnen nicht gelang, ihre Truppen zu vereinen. Die Bolschewiki gewannen, weil sie nicht wie die Weißen auf drei Fronten verteilt waren, sondern vom Kernrussland aus operieren konnten. Zudem gelang es Trotzki, mit der Roten Armee eine straff geführte Organisation aufzubauen. 1920 umfasste sie fünf Millionen Mann, für deren Führung Trotzki erfahrene zarische Offiziere rekrutieren konnte. Die Zwangskonfiszierung von Getreide, das Erschießen von Geiseln, Deportationen und die Einrichtung von Konzentrationslagern waren Mittel der europäischen Kolonialmächte, mit denen Offiziere bereits im Zarenreich geliebäugelt hatten und die sie jetzt gegen die eigene Bevölkerung einsetzten. So triumphierte 1920 Trotzkis Rote Armee, die bis ans Schwarze Meer vorrückte, den Kaukasus eroberte und sich anschickte, Mittelasien zu überrollen. Unter General Pjotr Wrangel (1878–1928) versuchten die Weißen im Süden im Sommer 1920 ein letztes Mal einen Vorstoß, bevor Trotzkis Truppen sie auf der Krim einkesselten, von wo Schiffe der Entente sie im November in letzter Minute evakuierten.

Die Konzentration der Bolschewiki auf den inneren Feind nutzte Polen, um Sowjetrussland im April 1920 anzugreifen und sich mit dem Friedensvertrag vom März 1921 Territorien Weißrusslands und der Ukraine anzueignen. Kurz darauf begann in Wladiwostok der letzte weißgardistische Versuch, unterstützt von den USA und Japan, eine Provisorische Regierung zu errichten; erst im Oktober 1922 gelang es der Roten Armee, auch diese Gebiete in Fernost unter Kontrolle zu bringen und die japanischen Interventionstruppen zu vertreiben.

Kriegskommunismus und Krieg gegen die Bauern. Den Kriegskommunismus entwickelten die Bolschewiki teils aus der Notlage, teils aus ihrer Ideologie heraus: Als im Frühjahr 1918 die Getreidelieferungen aus der Ukraine stoppten und im Sommer auch die aus dem von Koltschak besetzten Sibirien, verstaatlichten sie den Handel, ersetzten Geld durch Naturalien und teilten die Bevölkerung in Klassen ein, die nach ihrer «Nützlichkeit» Anspruch auf Lebensmittelrationen hatten: Ein Arbeiter erhielt das Vierfache von dem eines Nicht-Werktätigen, der tatsächlich oft nichts bekam. So verhungerte der Dichter Alexander Blok (1880–1921) als einer von vielen der «Ehemaligen», wie man sie nannte. Parallel dazu zwang die Regierung der Kommissare im Mai 1918 die Bauern, den Großteil ihrer Ernte zu staatlichen Festpreisen abzuliefern, so dass ihnen weder genug zu essen noch zur Aussaat blieb. Die Drangsalierung der Bauern war nicht nur aus der Not geboren: Im Weltbild der Bolschewiki waren sie rückständig und reaktionär. Nur die Tagelöhner taugten, um die Mittel- und Großbauern aufzumischen. So verkündete Swerdlow als sowjetisches Staatsoberhaupt im Mai 1918, Ziel sei es, «das Dorf in zwei unversöhnliche feindliche Lager zu spalten» und dort «denselben Bürgerkrieg» wie in den Städten zu entfachen. Zur Spaltung des Dorfes wurden Dorfarmut-Komitees eingeführt, um die armen gegen die reichen Bauern aufzuhetzen. Außerdem stellten die Bolschewiki aus Arbeiteraktivisten «Abteilungen zur Lebensmittelbeschaffung» zusammen, die als bewaffnete Banden die Dörfer plünderten. Die Bauern wehrten sich gegen diese Heimsuchungen und die Einführung der Wehrpflicht mit 140 Aufständen allein im Sommer 1918: Sie zogen in die Städte und belagerten oder zündeten den örtlichen Sowjet an, bis sie zusammengeschossen wurden. Im August forderte Lenin daraufhin, dass «in jedem Getreide produzierenden Distrikt unter den reichsten Einwohnern 25 Geiseln bestimmt werden, die bei Nichteinhaltung des Requisitionsplans mit ihrem Leben büßen sollen.»

Neben vielen kleinen spontanen Bauernerhebungen kam es wiederholt zu großen, organisierten Revolten. Eine der mit 50000 Mann größten und bekanntesten Bauernarmeen führte der Anarchist Nestor Machno (1888–1934) in der Ukraine. Machnos Verbände bekämpften erst die Deutschen, kooperierten dann zweimal mit den Bolschewiki gegen die Weißen, nur um am Ende selbst von den Roten aufgerieben zu werden. Der andere große Bauernführer Alexander Antonow (1898–1922) war ein Sozialrevolutionär, der im August 1920 mit 14000 nur mit Heugabeln bewaffneten Deserteuren die Vertreter der Sowjetmacht aus Tambow vertrieb. Anfang 1921 griffen die Revolten auf das untere Wolgagebiet, Westsibirien, Dagestan und Turkestan über, so dass die «Antonowschtschina» auf 50000 bewaffnete Männer anwuchs. Um den Widerstand zu brechen, rückte die Rote Armee an, die Geiseln erschoss, Familien deportierte sowie schwere Artillerie, die Luftwaffe und schließlich Giftgas einsetzte.

Den letzten Widerstand brach Anfang 1922 eine verheerende Hungersnot. Infolge einer Dürre 1921, der Verwüstungen durch den Bürgerkrieg und der Zwangsabgaben hatten 40 Millionen

Bäuerinnen und Bauern von der Ukraine bis nach Kasachstan nichts mehr zu essen. Sechs Millionen starben; es kam zu Kannibalismus. Die Bolschewiki ließen ausländische Hilfe zum ersten und letzten Mal ins Land, da sie die Katastrophe den «Konterrevolutionären» anlasteten. Angesichts des skrupellosen Auspressens der Bauern wird auch von einem «30-jährigen Krieg» gegen die Bauern gesprochen, der erst mit Stalins Tod 1953 endete.

Der Kronstädter Aufstand. Die Arbeiter waren zwar die von Lenin favorisierte Kraft, das bedeutete aber keineswegs, dass sie auch den Bolschewiki folgten. Als Anfang 1921 die Regierung im Zuge der aufziehenden Hungersnot die Brotrationen selbst für die werktätige Bevölkerung kürzte, riefen Arbeiterinnen und Arbeiter in Petrograd und andernorts zu Streiks und Demonstrationen auf. Sie forderten das Ende der bolschewistischen Diktatur, freie Sowjetwahlen, Rede-, Versammlungs- und Pressefreiheit sowie die Freilassung aller politischen Gefangenen. Ihnen schlossen sich die Matrosen und Soldaten Kronstadts an, die bereits 1917 die Provisorische Regierung mit ihrem Aufstand in Angst und Schrecken versetzt hatten. Am 2. März solidarisierte sich sogar die Hälfte der Bolschewiki Kronstadts mit den Aufständischen und gründete ein provisorisches Revolutionskomitee. Die Regierung entschied, die neue Revolution im Keim zu ersticken: Während die Tscheka in Petrograd 2000 Arbeiter verhaftete, rückte die Rote Armee unter General Michail Tuchatschewski (1893–1937) in Kronstadt ein. Angesichts der gut ausgerüsteten Matrosen und Soldaten brauchte sie zwei Anläufe und zehn Tage, um den Aufstand niederzuschlagen. Den Tausenden von Toten folgten über 2000 Hinrichtungen; rund 6500 Menschen kamen ins Lager. Der Kronstädter Aufstand gilt als Zäsur, weil die Bolschewiki erstmals Gewalt gegen ihre eigene Klientel anwandten.

4. Neue Ökonomische Politik (1921–1927)

Die Neue Ökonomische Politik (NÖP) war nicht nur ein Umschwenken in der Wirtschaftspolitik angesichts der Verheerungen des Bürgerkriegs, der Arbeiterproteste und der einsetzenden Hungersnot, sondern bezeichnet eine Ära der allgemeinen Liberalisierung, des «Luftholens» und der wenn auch trügerischen Hoffnung, das Land möge das Schlimmste überstanden haben. Am 23. März 1921, gleich nach dem Kronstädter Aufstand, erklärte die Regierung den «Kriegskommunismus» für beendet. Sie führte die Geldwirtschaft wieder ein, liberalisierte den Handel und vergab Lizenzen zur Rohstoffförderung an ausländische Investoren. Der private Handel blühte wieder auf; Cafés, Bars und Restaurants öffneten wieder; 1925 war das Konsumniveau der Vorkriegszeit wiederhergestellt. Ähnlich wie in Berlin waren die 1920er Jahre zumindest in den russischen Großstädten eine wilde, schnelllebige Zeit; wer zu Geld kam, verprasste es, da man nicht wusste, was morgen kam. Die Bolschewiki kreierten daraus später das Feindbild des «NÖP-Manns», der sich auf Kosten der Arbeiterklasse bereichert und amüsiert habe. Während für das Politbüro feststand, dass die NÖP nur ein «taktischer Rückzug» war, dem der «entscheidende Angriff» auf den Kapitalismus noch folgen würde, gab es Proteste von radikalen Bolschewiki, die die NÖP als Verrat an der Revolution empfanden.

Die Einzigen, die kaum von der NÖP profitierten, waren die Bäuerinnen und Bauern. Die Regierung ersetzte im März 1921 die gewaltsamen Getreidekonfiskationen durch eine moderate Naturalsteuer mit dem Kalkül, die Landwirte würden dann freiwillig ihre Überschüsse dem Staat im Tausch gegen Industriewaren abliefern. Aber die Landbevölkerung dachte gar nicht daran, mit den Bolschewiki zu kooperieren, und trug ihre Erträge auf die freien Märkte. Zudem konnte der Staat den Tauschhandel gar nicht umsetzen, da nicht genügend Gebrauchsgüter zur Verfügung standen, was im Herbst 1923 in die sogenannte Scherenkrise führte, als Angebot und Nachfrage immer weiter auseinanderklafften. Das Verhältnis der Bolschewiki zu der

Landbevölkerung blieb während der NÖP ein heftig umkämpftes Thema. Als Nikolai Bucharin (1888–1938) 1925 mit der Devise «dem Dorfe zugewandt» eine gemäßigte Politik gegenüber dem Land propagierte, das nicht nur ausgepresst werden dürfe, fielen Arbeiteraktivisten über ihn her. Am Ende der NÖP sollte Stalin das Reizthema Bauernpolitik benutzen, um seine Gegner auszuschalten.

Die Gründung der Sowjetunion. Die Bolschewiki in Moskau hatten bis Oktober 1922 mit Ausnahme Finnlands, Polens, des Baltikums und des rumänischen Moldawien alle gerade erst unabhängig gewordenen Länder unterworfen und sorgten dafür, ihre Eroberungen durch einen Staatsvertrag zu legitimieren. Zwar hatte Lenin das Zarenreich als «Völkergefängnis» bezeichnet, aber er glaubte auch, dass sich die «Nationen» wie der Staat im Sozialismus auflösen würden. Die Volkskommissare sorgten dafür, dass ein Großteil der Gebiete, die sie wieder in ihre Gewalt brachten, sich per Beschluss der jeweiligen Sowjets Russland anschlossen, die sich damit 1918 zur Föderation, der Russländischen Sowjetischen Föderativen Sozialistischen Republik (RSFSR), erklärte. Daher waren es nur vier Republiken, deren jeweilige Vertreter am 29. Dezember 1922 im Bolschoi-Theater in Moskau den Unionsvertrag unterschrieben. Es ist bezeichnend, dass die Bolschewiki nur der Ukraine und Weißrussland von Beginn an den Status einer eigenen Republik zustanden. Sämtliche kaukasischen Gebiete wurden ähnlich der «Superrepublik» RSFSR in der Föderativen Transkaukasischen Republik vereinigt. Georgien, das seit 1918 ein von Menschewiki regierter, erst von den Deutschen, dann der Entente unterstützter Staat gewesen war, hatte die Rote Armee erst im Frühjahr 1921 erobert. Stalin und Trotzki hatten diesen Feldzug und die schnelle Sowjetisierung Georgiens, das 1924 ein letztes Mal revoltierte, gegen Lenin durchgesetzt. Im Dezember 1921 vereinigte Moskau Georgien mit Abchasien; im Frühjahr 1922 folgte der Zusammenschluss mit Armenien und Aserbaidschan zur Transkaukasischen Föderation. Aus der RSFSR erlangten Turkmenien und Usbekistan erst 1924 als Republiken ihre Selbständigkeit. Dabei geschah die Grenzziehung willkürlich nach Moskauer Ideen von der «Nationenbildung»; sie trennte ethnische Gruppen und schuf Minderheiten auf fremdem Territorium. Das galt auch, als 1929 Tadschikistan von Usbekistan abgetrennt wurde und 1936 aus Turkmenien Kasachstan und Kirgisien entstanden. Ebenfalls 1936 löste Stalin die Transkaukasische Republik auf und gab Georgien, Armenien und Aserbaidschan den Status eigener Sowjetrepubliken zurück. Viele der später offen ausbrechenden Nationalitätenkonflikte fanden hier ihren Ursprung bzw. bestanden seit Zarenzeiten. Den Verlust Bessarabiens bzw. Moldawiens erkannte die Sowjetunion nie an; die Regierung gründete daher 1924 am südlichen Rand der Ukraine die Autonome Moldauische Republik, die im Zweiten Weltkrieg mit Moldawien vereinigt wurde und heute als abtrünniges Transnistrien das unabhängige Moldawien destabilisiert.

Formal war die Sowjetunion eine Föderation von selbständigen Republiken, tatsächlich aber herrschte ein klarer Zentralismus, den Moskau steuerte. In allen Republiken wurde die Rätestruktur eingeführt, deren Personal und Politik die Partei mit ihren Parallelstrukturen kontrollierte bzw. vorgab. Da die Kommunistischen Parteien der Republiken alle Teil der Allunionspartei VKP(b) waren, bestimmte das Politbüro in Moskau deren Führer und Vorgehen.

Stalin und die Nationalitätenpolitik. Stalin hatte seit seiner Rückkehr nach Petrograd Anfang 1917 keine bedeutende Rolle gespielt, aber in Lenins Regierung den Posten des Volkskommissars für Nationalitäten übernommen. Als solcher war er federführend bei der Ausarbeitung des Unionsvertrags und der Grenzziehung der Republiken. Er wollte ursprünglich keine Union gründen, sondern alle Republiken der RSFSR als autonome Republiken beitreten lassen, die kulturelle, aber keine politische Eigenständigkeit besaßen. Doch Lenin hatte das verhindert. Ausgerechnet Stalin, der aus einem Bergdorf in Georgien stammte, wollte solche Gebiete unter die Vorherrschaft Moskaus bringen. Um den späteren Terror zu erklären, wird

Stalin mitunter als radikaler Modernisierer gedeutet, der die Rückständigkeit der Provinz durch Moskaus starke Hand ausmerzen wollte. Als plausibel gilt aber auch, dass Stalin die Gewalt der traditionalen Clanwelt des Kaukasus nach Moskau trug und als probates Mittel gegen alle «Feinde» einsetzte.

Doch zunächst waren die 1920er Jahre von einem «positiven Paternalismus» gegenüber den anderen Ethnien geprägt, die die Bolschewiki entsprechend ihrer Doktrin als «Nationen» bezeichneten und von denen sie nach eigenen Kriterien 127 auf sowjetischem Boden zählten, die über 70 verschiedene Idiome sprachen. Gemäß der sozialistischen Ideologie tat Moskau seit 1921 alles für ihre «Befreiung» und förderte die lokalen Sprachen, Bräuche und Traditionen, solange sie nicht dem aufklärerischen Impetus der Bolschewiki widersprachen. Hier zeigte sich die Zivilisierungsmission, denn die Sprachen wurden verschriftlicht, Nomaden sesshaft gemacht, Schulen gegründet und eine umfangreiche Alphabetisierungskampagne durchgeführt. Die Bolschewiki förderten nicht nur die Umstellung der Verwaltung und Justiz auf das lokale Idiom, sondern auch die Einrichtung von nationalsprachlichen Zeitungen, Nationaltheatern und das Verlegen ebensolcher Literatur. Diese Fördermaßnahmen wurden «Einwurzelungspolitik» genannt: Geplant war die schrittweise Transformation der «Nationen» zu homogenen Sowjetbürgern, die nur die Nationaltracht voneinander unterschied. Auf positive Resonanz fiel, dass dadurch gezielt Einheimische in Schlüsselpositionen in Partei, Staat, Wirtschaft, Wissenschaft und Kultur kamen. Auf massiven Widerstand stießen dagegen Kampagnen der Bolschewiki zur Entschleierung der Frauen im Kaukasus und in Zentralasien sowie zur Bekämpfung der Religion.

«Kommunismus = Sowjetmacht + Elektrifizierung». Den Willen zur radikalen Modernisierung zeigten die Bolschewiki vor allem bei der Elektrifizierung des Landes. Das Eintreten für den technischen Fortschritt war für die Volkskommissare ein zentraler Weg, um den abstrakten Sozialismus in konkrete Versprechen zu übersetzen. Lenin gab daher als Devise aus: «Kommunismus

= Sowjetmacht + Elektrifizierung des ganzen Landes». «Lenins Glühbirnen» wurden zum Symbol der sowjetischen Moderne schlechthin. Damit sollte «der Sozialismus» für die einfache Bevölkerung greifbar werden. Außerdem versuchten die Volkskommissare mit einer Mischung aus Locken und Drohen, die im Zarenreich ausgebildeten Ingenieure und Wissenschaftler zur Kooperation zu bewegen und sie mit den grenzenlosen Möglichkeiten zu ködern, die ihnen die Industrialisierung Russlands bot. Eines der ersten Großvorhaben des jungen Staates war daher der «Staatsplan zur Elektrifizierung Russlands», in dessen Rahmen das Land binnen zehn Jahren ein Netz von 30 Kraftwerken als Keimzellen für die weitere Industrialisierung überziehen sollte. In den Fabriken und Unternehmen erhielten die Ingenieure und Fachleute das Sagen zurück, auch wenn formal weiter Arbeiteraktivisten als «rote Direktoren» herrschten.

Daher verfassten russische Intellektuelle 1921 im Exil ein Manifest, in dem sie zur Zusammenarbeit mit den Bolschewiki aufriefen. 1909 hatte die Intelligenzija zur Unterstützung der zarischen Regierung nach der Revolution von 1905 aufgerufen. Wie damals sollten die Eliten nach vorn schauen und das Land aufbauen. Das hinderte Lenin nicht daran, 1922 mehrere Hundert namhafte Wissenschaftler, Professoren, Ärzte und Kulturschaffende ohne Erklärung zu verhaften und auf den sogenannten «Philosophendampfern» nach Deutschland zu bringen. Die Bolschewiki wollten sich aller Intellektuellen, die ihnen noch laut widersprachen, entledigen. Verwendung hatten sie nur für die «technische Intelligenz».

Arbeiterkult und Aufklärung. Der eigentliche Held und der Ort der Moderne waren der Arbeiter und die Fabrik. Die Abteilung für Agitation und Propaganda, kurz: Agitprop, die seit 1920 dem ZK der Partei unterstand, rückte sie in den Mittelpunkt und bannte sie in einer Maschinen und Körper gleichermaßen verherrlichenden Ästhetik auf zahlreiche Plakate. Dabei ging es weniger um den realen Arbeiter, der in Lumpen mit primitiven Arbeitsmitteln in dreckigen Werkshallen schuftete, sondern den idealisierten Neuen Menschen, der mit gestähltem Oberkörper in modernsten Fabriken den Sozialismus schuf. Während die Bolschewiki die Ausbeutung im Kapitalismus ablehnten, begeisterte sie die moderne, exakt in kleinste Zeiteinheiten zerlegte Fließbandarbeit, wie Henry Ford sie entwickelt hatte. Die USA und die rationalisierte Arbeitsmethode des Taylorismus waren daher von Beginn an ein Vorbild für die Arbeitsorganisation in der Sowjetunion. Da per definitionem das Proletariat herrschte, konnte es auch nicht mehr ausgebeutet werden; Stücklohn, Akkordarbeit und Konkurrenz propagierten Staat und Partei als Mittel, Höchstleistungen für den Aufbau des Arbeiterstaats zu erbringen. Auch wenn noch im November 1917 die Regierung den Acht-Stunden-Tag beschlossen hatte, änderte sich am Arbeitsplatz daher wenig; doch was vorher als Ausbeutung galt, hieß nun selbstloser Beitrag zum Aufbau der Zukunft.

Gleichzeitig legte Volksbildungskommissar Anatoli Lunatscharski (1875–1933) zahlreiche Bildungsprogramme für die einfache Bevölkerung auf. In einer gewaltigen Kampagne zur «Liquidierung des Analphabetentums» sollten alle im Alter von acht bis 50 Jahren lesen und schreiben lernen, was vor der Revolution knapp 30 Prozent der Männer und nur 13 Prozent der Frauen beherrschten. 1919 schuf Lunatscharski die Arbeiterfakultäten, die die Arbeiterinnen und Arbeiter, die oft nur vier Jahre Volksschule besucht hatten, in zwei Jahren auf ein Hochschulstudium vorbereiten sollten.

Lenins Regierung der Volkskommissare gehörte als einzige Frau Alexandra Kollontai (1872–1952) an, die zunächst Maßnahmen zum Mutterschutz einführte. Seit 1920 leitete sie die «Frauenabteilung» des ZK der Partei, die sich bis zu ihrer Abschaffung 1930 für die Gleichstellung der Frau und ihre Rechte am Arbeitsplatz, bei der Entlohnung und in der Ehe einsetzte. Der Versuch, die patriarchale Gesellschaftsordnung zu beenden, führte nicht nur im Kaukasus und Zentralasien, sondern auch in Russland und in der Ukraine zu teils heftiger Gegenwehr. Seit Dezember 1917 konnten Paare ihre Ehen auf dem Standesamt genauso leicht schließen wie lösen; 1920 gab Russland Abtreibungen frei. Der Wandel zeigte sich auch daran, dass zwischen den Volkszählungen 1926 und 1959 die Geburtenrate von 6,8 auf 2,8 Kinder pro Frau sank.

Avantgarde und Atheismus. Ähnlich wie «der Arbeiter» war «die Frau» eine zentrale Figur in der Propaganda, die als Symbol für die Befreiung aus doppelter Unterdrückung und als Allegorie für den jungen neuen Staat figurierte. Doch nicht nur die Propaganda, auch die bildenden Künste erlebten in den 1920er Jahren eine Hochzeit. Die Revolution, die für die Gesellschaft so viel Gewalt und Terror gebracht hatte, schien nur in der Kunst eine produktive Kraft zu entfalten. Die russische Avantgarde der ersten zwei Dekaden begeisterte auch in den 1920ern noch die internationale Kunstwelt: der Dramatiker Wsewolod Meyerhold (1874–1940), der mit seiner Biomechanik die Arbeit mit den Schauspielern revolutionierte, der Dichter Wladimir Majakowski (1893–1930), der mit seinen abgehackten Zeilen das Proletariat pries, der Fotograf und Plakatkünstler Alexander Rodtschenko (1891–1956), der die moderne Welt in schwarzweißen Formen auf Papier bannte. Die «wichtigste aller Künste» aber war für Lenin das Kino. Die bewegten Bilder waren nicht nur modern; sie waren auch der beste Weg, um Propagandabotschaften an die noch kaum alphabetisierte Bevölkerung zu vermitteln. So wurden Züge als rollende Kinos ausgestattet, um die Filmkunst in alle Landesteile zu bringen, und zahlreiche Lehr- und Spielfilme in Auftrag gegeben. Sergei Eisenstein (1898–1948) drehte 1925 zum Jubiläum der Revolution von 1905 den Film «Panzerkreuzer Potjomkin» und revolutionierte mit seiner einzigartigen Montagetechnik das Kino.

In dem Maße, wie die Bolschewiki die Bildung zum sozialistischen Menschen förderten, bekämpften sie den Einfluss der Kirche, mit der sie um Glaubensinhalte, Feiertage und Heilsversprechen konkurrierten. Zudem hatte es die Regierung auf das Vermögen der Kirche abgesehen, das sie Anfang 1922 in einer groß angelegten Kampagne unter dem Vorwand, es für die Bekämpfung der Hungersnot zu brauchen, beschlagnahmen ließ. Als es dabei zu Protesten von Gläubigen kam, ließ die Regierung diese nicht nur niederschießen, sondern auch den erst 1917 eingesetzten Patriarchen Tichon (1865–1925) verhaften, der einem Todesurteil nur entkam, weil Lenin die Reaktion des westlichen Auslands fürchtete. Um den Kampf gegen die wiedererstarkenden Religionsgemeinden zu forcieren, wurde 1925 der «Verband der Gottlosen» gegründet, die mit Zeitungen, Ausstellungen und Museen den Atheismus predigten. Sie feierten «rote Taufen» und Jugendweihen und propagierten anstelle der kirchlichen Feiertage die revolutionären Jahrestage. Selbst die Weihnachtstanne wurde 1926 verboten und erst 1935, allerdings nur zu Neujahr, wieder zugelassen.

Außenpolitik zwischen Rapallo und Komintern. Lenin hatte den Schlag gegen die Kirche Anfang 1922 ausgeführt, um während der Konferenz in Genua ab Mitte April nicht für schlechte Presse zu sorgen. Ursprünglich hatten sich die Bolschewiki überhaupt nicht darauf eingestellt, als Diplomaten agieren zu müssen. Sie gingen davon aus, dass mit der russischen auch die Weltrevolution angestoßen, die Vereinigung aller Arbeiter folgen und es ergo keine widerstreitenden nationalen Parteien mehr geben werde. Doch bereits das Debakel von Brest-Litowsk hatte Lenin vor Augen geführt, dass sie sehr wohl noch einige Zeit auf professionelle Unterhändler angewiesen sein würden. Trotzkis Vorstellung, er werde als Volkskommissar für Äußeres «einige revolutionäre Proklamationen an die Völker erlassen und dann die Bude [das Außenamt] schließen», hatte sich als Sackgasse erwiesen. Die größte Hoffnung der Bolschewiki war, die deutschen Genossen würden 1918 im zerfallenden Kaiserreich die Revolution entfachen. Sie benutzten ihren Botschafter Adolf Joffe (1883–1927), um Propagandaschriften nach Berlin zu schmuggeln, und hielten für die Zeit nach dem Umsturz sowohl Truppen als auch Getreide für die hungernde Bevölkerung bereit. Doch Lenin irrte, als er glaubte, die Situation in Deutschland 1918 könne sich parallel zu der in Russland 1917 entwickeln. Zudem konnte die Regierung in Moskau weder Kontakt zu den Genossen in Berlin noch zu den meuternden Matrosen in Kiel herstellen. Als Lenin Ende 1918 Karl Radek schickte, um die Lage zu klären, geriet dieser sofort in Haft. Damit war die Idee von der Weltrevolution und dem Außen- als Propagandaamt gestorben.

Dennoch gründete Lenin im März 1919 die Dritte Kommunistische Internationale (kurz: Komintern), die von Moskau aus die kommunistischen Parteien in aller Welt fördern, kontrollieren und über sie in die jeweiligen Gesellschaften eingreifen sollte, ein außenpolitisches Gebaren, das der neue Außenvolkskommissar Georgi Tschitscherin (1872–1936) nach Möglichkeit zu unterbinden suchte. Er stammte aus einem der ältesten Adelsgeschlechter Russlands, war aber schon lange vor 1917 Revolutionär geworden und verkörperte die perfekte Kombination aus weltläufigen Umgangsformen, die auf dem diplomatischen Parkett unabdingbar waren, und revolutionärem Geist. Mit diesem Ansatz «aristokratisch in der Form, sozialistisch im Inhalt» gelang es Tschitscherin in seiner Amtszeit (1918–1930), einige außenpolitische Erfolge für den jungen Staat zu erringen, der von kaum einem Land anerkannt war und sich den Austausch von Botschaftern mit viel Fingerspitzengefühl erarbeiten musste. Der spektakuläre Ausgleich zwischen der Weimarer Republik und der RSFSR am 16. April 1922 in Rapallo bei Genua gelang nicht nur, weil beide geächteten Staaten willens waren, gegenseitige finanzielle Ansprüche für diplomatische, militärische und wirtschaftliche Beziehungen zu vergessen, sondern auch, weil Tschitscherin mit den deutschen adligen und bürgerlichen Vertretern eine Sprache sprach. Auf ähnliche Weise machte sich Alexandra Kollontai verdient, die ebenfalls aus dem Adel stammte und entsprechende Umgangsformen beherrschte. Als erste offizielle Diplomatin der Welt errang sie seit 1924 die Anerkennung der Sowjetunion durch Norwegen, Mexiko und Schweden.

Lenins Tod und der Kampf um seine Nachfolge. Nach vier Schlaganfällen starb Lenin am 21. Januar 1924 im Alter von nur 54 Jahren. Er war seit 1922 nicht mehr öffentlich aufgetreten und hatte sich vor die Tore Moskaus zurückgezogen. Obwohl sein Ende abzusehen war, hinterließ er seine Nachfolge ungeregelt: Trotzki, der immer noch Volkskommissar für Militär und Marine war, fand er zu arrogant; Sinowjew, der inzwischen die Partei Petrograds sowie die Komintern leitete, und Kamenew, der in Moskau der Partei vorsaß, hatten 1917 gegen ihn und den Umsturz gestimmt. Vor Stalin, dessen uneingeschränkte Vollmachten als Generalsekretär er fürchtete, warnte Lenin in einem Brief, seinem sogenannten «Testament». Doch als Stalin daraufhin auf dem Parteitag nach Lenins Tod 1924 seinen Rücktritt anbot, lehnten die Anwesenden ab, und der Brief verschwand, bis Chruschtschow ihn 1956 in seiner Geheimrede als weiteren Beweis für Stalins Machtmissbrauch hervorholte. Tatsächlich nutzte Stalin seine Position, um alle seine Konkurrenten bis 1929 politisch und bis 1940 auch physisch zu vernichten. Ihm half das 1921 von Lenin verhängte «Fraktionsverbot» der Partei, wonach alle Meinungen, die von der «Generallinie» abwichen, illegitim waren und als Verrat galten. Als Vehikel dienten ihm die heftig umstrittenen Grundsatzfragen, ob «Sozialismus in einem Lande» ohne Weltrevolution realisierbar sei, mit der er Trotzki ins Aus manövrierte. Mit der Frage, ob sich die Bauern im Namen der NÖP «bereichern» sollten, diskreditierte er Sinowjew und Kamenew als «Linksabweichler», die wie die radikalen Arbeiter in ihren Hauptstädten kein Verständnis für Bauern zeigten. Skrupellos wechselte Stalin seine Allianzen und Meinungen, bis er alle aus dem Politbüro entfernt hatte: Trotzki verlor 1925 das Amt des Volkskommissars für Militär, 1927 musste er die Partei, 1929 das Land verlassen; Stalin ließ ihn 1940 in Mexiko ermorden. Sinowjew und Kamenew mussten 1926 die Parteiführung der beiden Hauptstädte abgeben und wurden ebenfalls 1927 aus der Partei ausgeschlossen. Beide wurden aber noch zweimal rehabilitiert, bevor Stalin sie endgültig aus den Parteireihen entfernen und 1936 hinrichten ließ. Kaum hatte er die beiden als «Linksabweichler» entfernt, nahm er ihre Position gegenüber den Bauern und der NÖP ein und brandmarkte u. a. Bucharin als «Rechtsabweichler», dessen Meinung, die Bauern sollten prosperieren, er gerade noch unterstützt hatte. 1929 wurde auch Bucharin aus dem Politbüro, nicht aber aus der Partei ausgeschlossen. Er durfte als Sinowjews Nachfolger die Komintern weiterführen, bis Stalin ihn 1938 hinrichten ließ.

Lenin hatte sich eine schlichte Beisetzung gewünscht, aber das Politbüro entschied, zum ewigen Ruhm des Revolutionsführers nicht nur Petrograd in Leningrad umzubenennen, sondern seine sterbliche Hülle auch für die Ewigkeit zu konservieren. Das berühmte Mausoleum auf dem Roten Platz, das der Architekt Alexei Schtschusew (1873–1949) entworfen hatte, diente ab seiner Einweihung 1930 als steingewordenes Fundament der Sowjetunion: Alle Parteiführer nahmen von der Tribüne des Mausoleums die Paraden zu den Feiertagen ab, und alle von Stalin bis zu Gorbatschow leiteten ihre Legitimation von Lenin und seinen Lehren ab. Die Agitprop-Abteilung nutzte Lenins Tod, um ihn als Jesus-gleichen Märtyrer zu stilisieren, der die Leiden der Menschheit auf sich genommen habe und für sie gestorben sei.

II. Stalinismus (1928–1953)

Als Stalinismus gilt die Zeit von dem Punkt an, als Stalin 1928 alle Konkurrenten um die Parteiführung aus dem Politbüro entfernt hatte und sein Programm der Entkulakisierung und forcierten Schwerindustrialisierung mit dem ersten Fünfjahrplan ins Werk setzte. Hauptmerkmal des Stalinismus war die ständige Gefahr, jederzeit willkürlich verhaftet und erschossen zu werden. Diese Strafpraxis endete mit Stalins Tod: Ohne ihn gab es keinen Stalinismus.

1. Stalins «großer Umbruch» oder «Revolution von oben»

1928 verkündete Stalin das endgültige Ende der NÖP, den Beginn des Ersten Fünfjahrplans (1928–1932), der forcierten Schwerindustrialisierung sowie den erneuten Kampf gegen die

Bauern. Er begann damit eine regelrechte Kulturrevolution. Dies war die zweite «Attacke» auf den «Kapitalismus», einst von Lenin und Trotzki angekündigt, nun von Stalin als «großer Umbruch» realisiert. «Revolution von oben» wird daher auch genannt, was er bis 1932 durchsetzte: Die zarischen Fachleute in den Volkskommissariaten, Betrieben, Bildungs- und Kultureinrichtungen wurden diffamiert, verhaftet und verurteilt; die gerade erst aufgebauten nationalen Eliten in der Ukraine, im Kaukasus, Zentralasien, auf der Krim und in Tatarstan wurden als «Nationalisten» und «Separatisten» abgesetzt, verhaftet und ermordet, die gerade erst latinisierten Sprachen zwangsweise ins Kyrillische überführt; an den Hochschulen wurde die Fachwissenschaft zugunsten von Unterricht in «Historischem Materialismus» zusammengekürzt; die Frauenabteilungen wurden aufgelöst, weil Stalin befand, «die Frauenfrage» sei in der Sowjetunion gelöst; alle noch selbständigen Verbände und Organisationen wurden aufgelöst oder staatlicher Kontrolle unterstellt. Mit dem radikalen personellen und strukturellen Umbruch ging ein massiver Normen- und Wertewandel sowie ein radikales Freund-Feind-Denken einher: Wer nicht für die Bolschewiki war, galt als Volksverräter. Zudem erzeugte Stalin eine künstliche Kriegsstimmung, als er 1931 verkündete, die Sowjetunion habe 300 Jahre Rückstand in zehn Jahren aufzuholen; sollte sie das nicht schaffen, werde sie «zermalmt».

Einen Umbruch führte Stalin auch im Politbüro herbei: Die geschassten Weggefährten Lenins, meist Intellektuelle westlicher Prägung, ersetzte er durch Männer, die sich im Bürgerkrieg bei der blutigen Eroberung und Sowjetisierung des Südens bewährt hatten: Sergei Kirow (1886–1934) und Anastas Mikojan (1895–1978) hatten 1920 Baku unterworfen und dienten seitdem als Parteiführer im Kaukasus; Grigori Ordschonikidse (1886–1937) war maßgeblich daran beteiligt, die Kaukasusrepubliken in die Transkaukasische Republik zu zwingen, die er als Parteivorsitzender dann leitete; Lasar Kaganowitsch (1893–1991) hatte 1920 mit Turkestan erobert und war 1925 von Stalin in die Ukraine entsandt worden, um dort den «nationalistischen Bestrebungen» ein Ende zu bereiten. Auch Stalin selbst, bürgerlich Dschugaschwili, war kein Denker, der wie Lenin Marx studiert hätte. Nach dem Abbruch des Priesterseminars (1894–1899), wo er vermutlich in erster Linie die Kunst der Demütigung gelernt hatte, war er auf der Flucht, hatte im Untergrund ein raues Leben geführt, mitunter Banken überfallen und sich den Namen «Stalin» – der Stählerne – zugelegt. Besondere Härte demonstrierte er, als er 1918 in Zarizyn (seit 1925 Stalingrad) alle Weißen exekutieren ließ. Er brüstete sich, dass bei Gewaltausübung seine «Hand nicht zittern» würde, eine Eigenschaft, die er auch von seinen Mitstreitern erwartete.

Obwohl er 1878 geboren war, gab Stalin sein Geburtsjahr mit 1879 an. Zu seinem 50. Geburtstag 1929 ließ er sich als «Führer» ausrufen und von der Propaganda als «standhafter Bolschewik» und «Nachfolger Lenins» feiern. Es war der Anfang eines Personenkults, der ihn bald als «weisen Führer», «Vater aller Völker» und «genialen Kriegsherrn» inszenierte.

«Amerika einholen und überholen». Mit seinen Mitstreitern begann Stalin, die Vision von einem industrialisierten, modernen Land umzusetzen, das nichts mehr mit dem rückständigen, bäuerlichen Russland der Zarenzeit zu tun haben sollte. Doch anstatt dem Rat von Wirtschaftsexperten zu folgen, die Leichtindustrie zu entwickeln und mit Exporterlösen die Schwerindustrie langsam aufzubauen, beschloss das Politbüro, die Schwerindustrialisierung mit allen Mitteln zu forcieren und dies mit Getreideexporten zu finanzieren. Stalin belebte dafür Lenins Losung wieder, die USA «einholen und überholen». Daher sah der erste Fünfjahrplan eine Reihe von Großprojekten vor, die v.a. in ihrer Größe die USA übertrumpfen sollten: Am Dnjepr sollte der größte Staudamm der Welt entstehen (1927–1932), der den Hoover-Damm in den Schatten stellte; im Niemandsland im Ural sowie im Kusbass in der Ukraine sollten binnen sagenhaften 1000 Tagen zwei der größten Stahlwerke (1929–1932) errichtet werden. Der Bau der Turkestan-Sibirischen-Eisenbahn (kurz: Turksib; 1927–1930) durch die Hungerwüste Zentralasiens und der Metro im Untergrund Moskaus (1931–1935) waren weitere Prestigeprojekte, mit denen die Bolschewiki ihren

Willen demonstrierten, wahrhaft utopischen Raum zu erschließen und dabei die Naturkräfte zu bezwingen.

Das Planungschaos war anfangs enorm. Von Beginn an setzten Staat und Partei weniger auf durchdachte Pläne als auf Kampagnen. Um die Arbeiterinnen und Arbeiter dazu zu animieren, über ihre Grenzen hinauszugehen, führte die Regierung 1928 den Titel «Held der Arbeit» ein und propagierte die sozialistische Stoßarbeit. Arbeiterbrigaden waren aufgerufen, im Wettbewerb gegeneinander anzutreten und mit «Gegenplänen» den staatlich verordneten Plan überzuerfüllen. Während Zeitungen, Romane und Spielfilme den Enthusiasmus der Erbauerinnen und Erbauer priesen, waren die Arbeits- und Lebensumstände anfangs katastrophal: Statt Maschinen gab es Handarbeit; statt Kantinen und Unterkünften gab es Erdlöcher und Zelte, in denen die Menschen hausten. Doch auch das verklärten die Medien und tatsächlich einige enthusiastische Männer und Frauen: «Erst bauen wir die Hochöfen, dann vernichten wir die Wanzen.»

Erste Schauprozesse und Anfänge des GULag. Mit der forcierten Industrialisierung begann eine neue Hetzkampagne gegen die «alten» Experten, die mehrheitlich gegen Stalins Wirtschaftspläne argumentiert hatten. Auf Stalins Geheiß wurde im März 1928 im Ort Schachty im Kusbass die Aufdeckung eines angeblichen Komplotts von Bergbauingenieuren inszeniert, die dort Sabotage betrieben hätten, um die Sowjetmacht zu stürzen und die Übernahme durch ihre früheren deutschen Eigentümer herbeizuführen. Im folgenden Schauprozess im Sommer 1928 wurden elf Ingenieure zum Tode und 38 zu Haftstrafen verurteilt. Damit war die Jagd auf die «alten Spezialisten» eröffnet, die von den Medien und Arbeiteraktivisten als «Spione» und «Schädlinge» diffamiert, bedroht und denunziert wurden. Den zweiten Schauprozess Ende 1930 organisierte Stalin gegen acht Wirtschaftsexperten aus dem Obersten Volkswirtschaftsrat und der Staatlichen Planungsbehörde «Gosplan». Ihnen legte der Staatsanwalt zur Last, sie hätten als «Industriepartei» die Invasion Frankreichs vorbereitet. Sechs Todesurteile ergingen. Im dritten Schauprozess im Frühjahr 1933 wurden neben zehn russischen auch sechs britische Ingenieure der Firma «Metro Vickers» angeklagt und des Landes verwiesen. In allen drei Fällen ging es Stalin nicht nur darum, Fachkräften eine Lektion zu erteilen, ihre Expertise niemals über die Ideologie zu stellen, sondern auch jeweils Deutschland, Frankreich und Großbritannien zu demonstrieren, dass er auf die Verträge, die er gerade mit ihnen verhandelte, nicht angewiesen sei.

Allerdings wurden nicht alle Todesurteile vollstreckt, sondern einige der herausragenden Fachleute unter Aufsicht der GPU auf Baustellen eingesetzt, wo ihre Expertise dringend benötigt wurde. Nicht nur Ingenieure, auch Arbeiter wurden mit Beginn der Industrialisierung in immer größerem Ausmaß zur Zwangsarbeit und Umsetzung der Prestigeprojekte herangezogen. Das erste Lager hatte noch Lenin 1923 im enteigneten Solowezki-Kloster auf einer Insel im Weißen Meer anlegen lassen. Hierher wurden ein Großteil der seit 1928 verhafteten Ingenieure sowie viele andere «Feinde» gebracht, die in den Jahren 1931–1933 den Weißmeer-Ostsee-Kanal (kurz: Belomor-Kanal) errichteten. Es war das erste und einzige Mal, dass die Propaganda Zwangsarbeit öffentlich machte und als Umerziehung der «Schädlinge» zu nützlichen Sowjetmenschen pries. Der massenhafte Einsatz von Zwangsarbeiterinnen und -arbeitern beim Bau der Vorzeigestadt Komsomolsk am Amur an der Pazifik-Küste ab 1932 oder auch beim Bau des Moskwa-Wolga-Kanals (1932–1937) wurde geheim gehalten. Die Zahl der Lagerinsassen wuchs infolge der Feindhysterie bis 1934 auf eine halbe Million Menschen. Daher beschloss das Politbüro, eine eigene Verwaltungsstruktur für die Lager zu schaffen, die dem NKWD unterstellt wurde: den GULag.

Kollektivierung und Entkulakisierung der Landwirtschaft. Dass sich die Lager in kurzer Zeit derart füllten, hatte maßgeblich auch mit der Kollektivierung und Entkulakisierung der Landwirtschaft zu tun. «Kulak» meinte ursprünglich einen erfolgreichen Bauern, der 1600 Rubel Produktionsmittel, etwa zehn Pferde oder 13 Kühe, besaß. Die Bolschewiki und Arbeiteraktivisten benutzten den Begriff aber schnell als Feindkategorie für alle, die sich weigerten, in die Kollektivwirtschaften einzutreten und diesen ihr Vieh und Land zu überschreiben bzw. ihr Getreide abzuliefern. Das radikalisierte Klassenkampfdenken führte bei Stalin dazu, dass er in den Missernten 1927/28 den Beweis für die Feindseligkeit der Bauern sah. Er verfügte, alle «Spekulanten», «Kulaken» und «Desorganisatoren des Marktes» zu verhaften, und legte dafür Quoten fest: Pro Dorf sollten vier bis zehn Kulaken wegen Spekulation verurteilt werden. Im Dezember 1929 erklärte Stalin dann die «Liquidierung der Kulaken als Klasse» zum Programm. Obwohl ursprünglich die Partei verlautbart hatte, bis 1934 nur 15 Prozent der Bauernhöfe in Kollektivwirtschaften zu überführen, beschloss sie Ende 1929, die totale Kollektivierung einzuleiten und bis 1932 mindestens 80 Prozent aller Bauernhaushalte zu kollektivieren. Dass es nicht nur um die Auflösung der «Klasse», sondern durchaus um die Ermordung von Menschen ging, machte die Anweisung des Politbüros an die GPU im Januar 1930 deutlich: Geteilt in drei Kategorien, sollten 60 000 «Konterrevolutionäre» sofort in Konzentrationslager verbracht und bei Widerstand exekutiert werden, 150 000 «Kulaken-Aktivisten» waren mit ihren Familien in unwirtliche, entlegene Gegenden zu deportieren, und alle anderen «Kulaken» sollten teils enteignet und in ihren Dörfern als Arbeiter eingesetzt werden. Das Politbüro beabsichtigte damit, drei bis fünf Prozent aller Bauernwirtschaften oder eine Million Höfe und fünf bis sechs Millionen Menschen zu enteignen. Dabei gehörte es zum Kalkül des Politbüros, dass es weder Anweisungen gab, wie die Kollektivierungen durchzuführen seien, noch, was der Unterschied zwischen einer Kollektivwirtschaft (Kolchose) und einem Staatsbetrieb (Sowchose) sein sollte.

Gewalt und Hungersnot 1932/33. Die Folge war eine Entfesselung von Gewalt, Zerstörung und erneuten bürgerkriegsähnlichen Zuständen. Dafür schickte die Partei aus den Städten die «25 000er», tatsächlich waren es an die 100 000 teils zwangsrekrutierte junge Menschen, teils fanatische Arbeiteraktivisten, die die Bauern mit vorgehaltener Waffe zwangen, ihre letzten

Lebensmittelvorräte herauszugeben und ihre Höfe zu verlassen. Die GPU verfrachtete die Familien, bis 1933 waren es rund 750 000 Menschen, in Viehwaggons, die sie in «Sondersiedlungen» in den hohen Norden oder nach Zentralasien deportierten, wo sie im Nichts sich selbst überlassen wurden und Kinder und Alte «wie die Fliegen starben». Um der «Dekulakisierung» zu entgehen, flohen bereits 1929/30 250 000 Familien aus ihren Dörfern. Mit Äxten, Forken und Mistgabeln bewaffnete Bäuerinnen griffen die Kollektivbauern an, Bauern flüchteten erneut in die Wälder und bildeten Banden, die ihrerseits die «Konfiskatoren» überfielen. Um den Widerstand der Bauern zu brechen, ließen die Bolschewiki Kirchen schließen, Glocken einschmelzen und Ikonen verbrennen. Die Eskalation der Gewalt war so enorm, dass Stalin am 2. März 1930 unter dem Titel «Vor Erfolg vom Schwindel befallen» in der «Prawda» zur Mäßigung aufrief und betonte, die Kollektivierung der Landwirtschaft müsse freiwillig geschehen. Das änderte aber nichts an der Praxis. Bauern, die aus den Kolchosen wieder austraten, versuchten vergeblich, ihr Hab und Gut zurückzuerhalten.

Der Krieg gegen Kulaken brachte nicht nur Gewalt aufs Land, sondern schürte erneut ethnische Konflikte. An der mittleren Wolga massakrierten sich Russen und Tartaren. In Kasachstan war die Zwangsrequirierung ein Todesurteil für die Lebensart der Nomaden: Um das Getreide zu kaufen, das der Staat einforderte, veräußerten sie ihr Vieh, das ihre Lebensgrundlage darstellte. Angesichts des Überlebenskampfes machten angesiedelte russische Bauern Jagd auf Kasachen, die sie systematisch ermordeten. Kasachische Stämme wiederum schlossen sich zu Kampfverbänden zusammen, denen sich bald auch turkmenische und kirgisische Clans anschlossen. 1930 meldete Zentralasien nach Moskau, dass in weiten Gebieten statt Sowjetmacht und Partei nur noch Gewalt und Anarchie herrschten.

Die Vernichtung der Bauernwirtschaften, die Flucht und Vertreibung der Bauern und die Zerstörung der Lebensgrundlage der Nomaden mündeten direkt in eine Hungersnot, der im Jahr 1932/33 zwischen fünf und zehn Millionen Menschen zum Opfer fielen. Wie 1921/22 kam es selbst zu Kannibalismus, doch diesmal verschwieg die Partei die Hungersnot und wies ausländische Hilfe ab. Stalin sprach ab 1932 von der «Waffe des Hungers», die die Partei gezielt gegen ihre Feinde, die Kulaken, einsetzen müsse. Da die wenigen Lebensmittel vorrangig an die Industriezentren verteilt wurden, hungerte insbesondere die ländliche Bevölkerung. Stark traf es die Ukraine als Kornkammer der Sowjetunion, wo allein ca. fünf Millionen an Hunger starben. Obwohl in der Ukraine der Holodomor (Hungertod) als Genozid gilt, ist die Bezeichnung Soziozid (Mord an Bauern) korrekt. Noch verheerender war die Kollektivierung für Kasachstan, wo ein Drittel der Bevölkerung (1,5 Mio. Menschen) umkam; durch die gezielte Ansiedlung von Slawen und den Großen Terror stellten Kasachen ab 1939 nur noch eine Minderheit (38 Prozent) in ihrer Republik. In Kirgistan, Turkmenistan, Tadschikistan und Usbekistan bedeutete die Kollektivierung die Zwangsumstellung auf Baumwollanbau, eine Monokultur, an deren Folgen die Länder bis heute leiden.

Nach Moskau! Die Zerstörung des Dorfes und die Hungersnot trieben zwischen 1929 und 1935 ca. 17 Millionen Bauern in die Städte, wo sich regelrechte Slums bildeten. Die Wohnungsnot war ohnehin ein ungelöstes Problem, das die Bolschewiki in den 1920er Jahren versucht hatten zu lösen, indem sie die Adelspaläste und großbürgerlichen Wohnungen in den Städten enteignet und dort pro Zimmer eine Arbeiterfamilie angesiedelt hatten. So waren die für die Sowjetunion typischen Kommunalwohnungen entstanden, in denen sich mehrere Familien eine Wohnung, Bad und Küche teilten. Um den unkontrollierten und ungebremsten Zuzug in die Städte zu stoppen, führte die Sowjetregierung im Dezember 1932 ein Passsystem ein, das den Städtern ihr Aufenthaltsrecht dokumentierte, die Bauern aber zu Menschen zweiter Klasse machte: Sie bekamen bis 1974 keine Pässe und durften ihr Dorf nicht verlassen. Nur wer eine Aufenthaltserlaubnis besaß, bekam Lebensmittelkarten, die von 1929 bis 1935 das Wenige zuwiesen. Da aber ständiger Arbeitskräftemangel herrschte, gelang es vielen «Kulaken», sich in den Städten oder auf den Großbaustellen als «Proletarier» zu etablieren und eine neue Existenz aufzubauen. Die Zuzugsbeschränkung für die beiden Hauptstädte Moskau und Leningrad blieb allerdings bis zum Ende der Sowjetunion bestehen.

Nicht nur in Reaktion auf die «Verbäuerlichung» und Verslumung der Städte, sondern auch auf Grundlage einer urbanen Utopie der Moderne setzte in den 1930er Jahren ein regelrechter Kult um die Städte im Allgemeinen und Moskau im Besonderen ein. So lud 1930 die Regierung den Frankfurter Architekten und Stadtplaner Ernst May mit einem internationalen Team ein, die neuen Industriestädte rund um die Großbaustellen zu entwerfen. Allerdings wurde das Wohnen in Einzelzellen mit kollektiven Funktionsräumen schnell wieder zugunsten traditioneller Familienwohnungen verworfen. Ebenfalls im Zuge der Kulturrevolution gründete sich 1932 der Verband der Architekten, die dem Rationalismus und Konstruktivismus der 1920er Jahre abschwören mussten. Opportun war nun ein Stil-Eklektizismus, der mal nüchtern-sachlich, mal pompös-schwulstig ausfiel. Der 1935 beschlossene Generalplan zur Rekonstruktion Moskaus sah vor, aus der «Stadt der Tausend Kirchen» eine moderne Metropole mit breiten Magistralen zu machen, in der sich die Menschen mit der Metro oder dem eigenen Automobil fortbewegten. Als Kathedralen des Neuen Menschen dienten die Metrostationen, als Ort der kultivierten Erholung seit 1928 der Gorki-Park. Am Eingang zum Roten Platz wurden ein Tor und eine Kirche niedergerissen, um den Panzerparaden Platz zu machen. Aufsehen erregte aber vor allem die Sprengung der Christ-Erlöser-Kirche 1931, die dem 420 Meter hohen Palast der Sowjets weichen musste, in dessen Baugrube aber 1958 schließlich nur ein Freibad eröffnete. Gebaut wurden nach dem Krieg (1947–1957) dagegen die «Sieben Schwestern», die sieben Hochhäuser im stalinistischen Zuckerbäckerstil oder sowjetischen Art déco, die bis heute mit der Moskauer Universität und dem Außenamt das Stadtbild prägen.

Der Neue Mensch. Hatte der Erste Fünfjahrplan (1928–1932) ganz im Zeichen der Technik gestanden, rückte der Zweite (1933–1937) den Neuen Menschen in den Mittelpunkt. Entsprechend feierte die Partei ihren 17. Kongress Anfang 1934 als «Parteitag der Sieger»: Der Sozialismus hatte gewonnen. 1935 gab Stalin die Devise «Die Kader entscheiden alles» aus, um die angebliche Fürsorge der Partei für die Menschen zu unterstreichen. Was vorher als dekadent und bourgeois galt, war nun erfolgreichen Kadern als Lohn für harte Arbeit gestattet: ein guter Anzug, ein Tanzabend, eine schöne Wohnung, ein Auto oder eine Erholungsreise. Sosehr der Stalinismus auf der einen Seite für Gewalt steht, so sehr sahen zahlreiche Bolschewiki im Sozialismus in erster Linie ein gigantisches Bildungsprojekt: Der Neue Mensch verkörperte eine Idealbiographie und ein ideales bolschewistisches Bewusstsein. Er oder sie war ein Arbeiterkind, das sich im Bürgerkrieg spontan den Bolschewiki angeschlossen hatte, in den 1920er Jahren beim Wiederaufbau in Partei oder Gewerkschaft geholfen hatte, aus Dank von diesen Organisationen zu einem Ingenieursstudium abgeordnet worden war und nun auf einer der Großbaustellen den Sozialismus aufbaute. Es gab Frauenquoten für die technischen Hochschulen, um bis zu 35 Prozent Ingenieurinnen auszubilden. Wie im dialektischen Bildungsroman hatte der Ingenieur oder die Ingenieurin zahlreiche Herausforderungen gemeistert, so dass aus dem instinktiven Einstehen für die richtige Sache ein bewusster Einsatz für die Bolschewiki geworden war. Er oder sie war in den 1920er Jahren in die Jugendorganisation der Partei, den Komsomol, eingetreten und danach in die Partei. Die Partei erzog ihn oder sie durch «Kritik und Selbstkritik». Dabei mussten sich die Parteimitglieder regelmäßig ihren Fehlern stellen, diese eingestehen und Läuterung geloben.

Während im Westen die Jurisprudenz als Allzweckberuf galt und gilt, mit der Unternehmen, Behörden und Regierungen geführt werden, war es in der technikgläubigen Sowjetunion das Ingenieurswesen, dem die Partei diese Rolle zusprach. Doch nicht nur die Partei schliff und erzog den Neuen Menschen, sondern auch die Schriftsteller. «Die Kunst ist kein Selbstzweck, sie spielt eine kolossale Rolle in der Umerziehung, in der Umarbeitung der Menschen», verkündete die Propaganda und forderte die Schriftsteller auf: «Seid echte ‹Seeleningenieure›!» Im Zuge der Kulturrevolution wurde 1932 auch der Schriftstellerverband gegründet, dem jeder Autor und jede Autorin angehören musste; er gab vor, was und wie geschrieben wurde. Der erste Kongress 1934 legte den «Sozialistischen Realismus» (kurz: Sozrealismus) als einzig zulässigen Plot fest, bei dem immer das Werden des Neuen Menschen als dialektischer Bildungsprozess im Mittelpunkt stand. Diese Schreibformel sollten auch alle sowjetischen Menschen übernehmen: Es gab Kurse, wie man seinen Lebensweg «richtig» darstellte; unter Maxim Gorki lernten Arbeiterinnen und Arbeiter, ihre Erfahrung während der Revolution und beim Aufbau des Sozialismus als «Geschichte der Fabriken und Werke» (1931–1938) aufzuschreiben. Sie entwarfen damit ihre Biographie als Teil der sowjetischen Geschichte.

Wie alle Künste wurde auch das Kino im Zuge der Kulturrevolution der staatlichen Aufsicht unterstellt und dem Sozrealismus sowie der Formung des Neuen Menschen verpflichtet. Gleichwohl brachte das Kino, das Stalin persönlich überwachte, in den 1930er Jahren eine Reihe von fröhlich-bunt-jazzigen Musicals hervor, für die sich der Regisseur Grigori Alexandrow (1903–1983) seine Anregungen in Hollywood geholt hatte. Die Programmverantwortlichen hatten erkannt, dass ein Film unterhaltend sein musste, damit das Publikum die ideologische Botschaft widerstandslos verinnerlichte und im besten Falle gar nicht bemerkte.

Die Stalin'sche Verfassung 1936. Begleitet von Stalins Losung «Das Leben ist besser, das Leben ist lustiger geworden», wurde im Sommer 1936 die neue Verfassung vorgestellt und ein halbes Jahr lang öffentlich diskutiert. Einerseits deklarierte sie die klassenlose Gesellschaft, die jedem das allgemeine, gleiche, direkte und geheime Wahlrecht zusprach, allerdings nur «in Übereinstimmung mit den Interessen der Werktätigen und zum Zwecke der Festigung des sozialistischen Systems». Andererseits schrieb Stalin erstmals die führende Rolle der Partei fest. Zudem verbriefte die Verfassung die «sozialistischen» Menschenrechte: das Recht auf kostenlose Bildung, Arbeit und Erholung sowie den Anspruch auf Kranken- und Altersversorgung. An die Stelle des Rätekongresses als höchste Legislative rückte der Oberste Sowjet, der sich aus dem Unionssowjet und dem Nationalitätensowjet zusammensetzte.

Dessen Schaffung und die Bildung der Republiken Kasachstan, Kirgisien, Georgien, Armenien und Aserbaidschan sollten die Eigenständigkeit der Nationalitäten unterstreichen. Tatsächlich begannen die Bolschewiki gleichzeitig, das russische Volk als «erstes unter Gleichen» zu feiern, dem die anderen Völker Fortschritt, Kultur und Größe zu verdanken hätten. Entsprechend ließ die Partei 1937 mit großem Pomp den 100. Todestag von Alexander Puschkin (1800–1837) begehen und gab Filme über Peter den Großen (1672–1725) und Alexander Newski (1220–1263) in Auftrag.

Mit dem Hinweis, die sozialistische Gesellschaft sei gefestigt und etabliert, gab die Partei nun ein traditionelleres Frauenbild aus und ließ die Kernfamilie in der Verfassung festschreiben. Seit 1935 unterstützten die Bolschewiki die Hausfrauenbewegung, die Frauen dazu ermutigte, ihren Männern ein schönes Heim zu schaffen und damit deren Arbeitskraft zu unterstützen, anstatt selbst werktätig zu sein. In diesem Zuge verbot die Regierung 1936 Abtreibungen und führte hohe Gebühren für Scheidungen ein.

Dennoch war es diese Verfassung, auf die sich Andersdenkende später bezogen, als sie mit Schweigeminuten am Tag der Verfassung deren Einhaltung forderten.

2. Der Große Terror 1937/38

Der Terror der Jahre 1937/38 wird als «groß» bezeichnet, weil er alle Gesellschaftsschichten und Ethnien umfasste. Während man im Westen lange nur das wusste, was Chruschtschow 1956 in seiner Geheimrede preisgab, nämlich die «Säuberung» der Eliten in Partei, Wirtschaft und Militär, waren die Verhaftungen und Erschießungen viel umfassender und trafen gerade auch die breiten Volksmassen, wie die Archive nach ihrer Öffnung 1991 offenbarten. Wie zur Zeit der Kulturrevolution gerieten auch alle Künste ins Visier: Im Januar 1936 initiierte Stalin persönlich eine Kampagne gegen den Komponisten Dmitri Schostakowitsch (1906–1975), seine Musik sei nichts als Lärm und diene nicht der Erbauung der Werktätigen. Wie viele andere, die in diesen Jahren mit ihrer Verhaftung rechneten, hatte Schostakowitsch immer einen gepackten Koffer bereitstehen. An Filmsets verschwanden Schauspieler und Assistenten. Zu Tode kamen die Schriftsteller Michail Bulgakow (1891–1940), Isaak Babel (1894–1940) und Osip Mandelstam (1891–1938), der Dichter Daniil Charms (1905–1942), der Worpsweder Maler Heinrich Vogeler (1872–1942) und etliche andere. Unwiderlegbar erscheint heute auch, dass der Terror kein chaotischer, eigendynamischer Prozess war, sondern von Anfang bis Ende von Stalin kontrolliert wurde, der den NKWD inthronisierte, die Schauprozesse inszenierte und jede Todesliste selbst abzeichnete.

Die Stachanow-Kampagne. Für eine entsprechend aufgeheizte Atmosphäre, in der sich die Medien übertrumpften, immer mehr und immer neue «Volksverräter» und «Schädlinge» zu «enttarnen», sorgte seit Sommer 1935 die Stachanow-Kampagne. Alexei Stachanow (1906–1977) war ein Grubenarbeiter, der im Donbass in einer Schicht 1457 Prozent seiner Norm erfüllte. Damit begann eine von Partei und Gewerkschaften inszenierte Kampagne, die jeden Werktätigen dazu verpflichtete, ein Vielfaches der Norm zu leisten, und alle, die sich dagegen wehrten bzw. vor Gefahren und Risiken warnten, als Saboteure diffamierte. Die Stachanow-Bewegung war nicht nur ein «verschärfendes Element» der «Mobilisierungsdiktatur», sondern stülpte wie zur Zeit der Kulturrevolution das Unterste nach oben: Der einfache Arbeiter sollte dem Direktor befehlen. Die Hysterie der Stachanow-Bewegung dauerte bis zum Ende des Terrors 1938. Während die Propaganda Arbeitererfolge ausschlachtete und Ingenieure diffamierte, die bald entlassen, verhaftet und verurteilt wurden, führte die hektische Norm-Übererfüllung zu ruinierten Maschinen, schweren Arbeitsunfällen und jeder Menge Ausschussware.

Die Entmachtung des Politbüros. Zu der Feindhysterie in der Gesellschaft kam eine Atmosphäre der Unterwürfigkeit und Angst im Politbüro. Obwohl es seit 1930 ausschließlich aus seinen Gefolgsleuten bestand, entmachtete Stalin auch seinen «inneren Kreis». In den 1930er Jahren verlagerte er sämtliche wichtigen Regierungsentscheidungen auf das Politbüro, dessen Sitzungen er bald so reduzierte, dass alle Entscheidungen nur noch im Umlaufverfahren oder während der Zusammenkünfte auf seiner Datscha getroffen wurden. Tagte das Politbüro anfangs noch sechsmal im Monat, trat es 1935 nicht einmal mehr jeden Monat zusammen. Im informellen Rahmen bei Stalin zu Hause hatten die Bedenkenträger keine Druckmittel mehr wie Rücktrittserklärungen, Ablehnungen oder Ultimaten, denn der Hausherr entschied, wen er einlud und wer noch etwas zu sagen hatte. Zudem war es Stalins Angewohnheit, seine Genossen betrunken zu machen und bloßzustellen. Vom Kabinettstisch wurde Politik also an eine Räubertafel verlagert, wo der Ton nicht sachlich, sondern derb und gewaltverherrlichend war. Obwohl der NKWD-Vorsitzende Nikolai Jeschow (1895–1940) kein Politbüromitglied war, lud Stalin ihn stets dazu und lieferte ihm schließlich das Politbüro aus. Zusammen mit Jeschow und seinen engsten Anhängern Molotow, Kaganowitsch und Georgi Malenkow (1901–1988) bereitete Stalin 1937 auf dem Februar-März-Plenum des ZK die Partei auf die große «Säuberungskampagne» in den eigenen Reihen vor, da sie mit «Spionen» und «Schädlingen» durchsetzt seien. Doch gleichzeitig hielt er seinen innersten Kreis mit denselben Mitteln gefügig: Er ließ die Frau Molotows, die Brüder von Ordschonikidse und Kaganowitsch, die Söhne Mikojans, die Schwiegertochter Chruschtschows, die Ehefrau seines Sekretärs Alexander Poskrjobyschew (1891–1965) und viele mehr als Geiseln verhaften, foltern, erschießen oder ins Lager sperren. Daher steht zur Debatte, ob Stalin den Terror einsetzte, um eine «reine», von Abweichungen und Feinden freie, sozialistische Gesellschaft zu schaffen, ihn also als drastisches Instrument des Social Engineering benutzte, oder ob es ihm nicht vielmehr um die Etablierung von Angst und Unterwerfung als Herrschaftsmittel ging. Kurz: War die Gewalt Mittel zum Zweck oder Selbstzweck?

Die Ermordung Kirows und die Moskauer Schauprozesse. Zum aufgepeitschten Klima in der Gesellschaft und zur Panik im Politbüro trugen die Ermordung des Leningrader Parteiführers Kirow im Dezember 1934 und die drei Moskauer Schauprozesse, die im August 1936 begannen und im März 1938 endeten, bei. Kirow wurde Opfer eines Einzeltäters, aber Stalin machte sich den Mord zunutze, um seine alten Rivalen Sinowjew und Kamenew sowie Hunderte von Parteimitgliedern verhaften zu lassen und unter Malenkows Regie alle Parteimitglieder einer ersten Überprüfung zu unterziehen. Wie schon für die ersten Schauprozesse 1928–1933 legte Stalin auch das Szenario für diese Tribunale fest. Sinowjew und Kamenew waren die Hauptangeklagten im ersten Schauprozess. Die Anschuldigungen waren Ausdruck und Mittel der Feindhysterie: Nachdem sie Kirow hatten ermorden lassen, hätten sie im Auftrag von Trotzki, der Gestapo und ausländischer Geheimdienste geplant, Stalin und seinen innersten Kreis zu meucheln. Beim zweiten Schauprozess im Februar 1937 brachte Stalin bedeutende Wirtschaftsführer auf die Anklagebank, denen er Sabotage und Schädigung der Volkswirtschaft vorwerfen ließ. Sein vormals enger Vertrauter, der Volkskommissar für Schwerindustrie Ordschonikidse, entzog sich dem Prozess durch Selbstmord. Mit dem dritten Schauprozess im März 1938 überantwortete Stalin Lenins letzte Gefährten, den «Parteiliebling» Bucharin und den ehemaligen Staatschef Rykow, dem Henker. Alle Todesurteile wurden sofort vollstreckt, die Familien der Verurteilten inhaftiert oder ebenfalls ermordet. Dass die Angeklagten gefoltert oder mit der Geiselnahme ihrer Familien zu den Geständnissen gezwungen wurden, schien damals unvorstellbar, obwohl der Chefankläger Andrei Wyschinski (1883–1954) ähnlich wie Roland Freisler tobte und schrie: «Erschießt sie wie die räudigen Hunde!»

Unmittelbar nach dem Februar-März-Plenum 1937 begann der NKWD, in der ganzen Union die Führung der Partei- und Staatsinstitutionen, die Wirtschaftsführer und das leitende technische Personal zu verhaften. Die Erschießung des Marschalls Tuchatschewski und weiterer Generäle erfolgte am 12. Juni nach einem geheimen Prozess, ebenso die Exekution von rund 10000 Offizieren. Ebenfalls im Juni 1937 ging Stalin dazu über, sich von Jeschow Listen mit Namen der Funktionäre aus Staat, Partei und Verwaltung, die als «Volksfeinde» verdächtig waren, vorlegen zu lassen, deren Erschießung er mit seiner Unterschrift besiegelte. Von den Delegierten des 17. Parteitags «der Sieger» 1934 ließ er mehr als die Hälfte ermorden, von den ZK-Mitgliedern 70 Prozent. Um den Terror in die Unionsrepubliken zu tragen und dort die Partei- und Regierungsspitzen verhaften und ermorden zu lassen, schickte Stalin im Sommer 1937 seine engsten Gefolgsleute aus dem Politbüro. In der Ukraine überlebte keiner der Parteiführer und keiner der 17 Volkskommissare das Jahr 1938. Durch die medial inszenierte Feindhysterie glaubten viele Sowjetmenschen an die Existenz von Saboteuren und Spionen und meinten, es müsse ein Irrtum sein, sobald sie selbst verhaftet wurden. Dass alle Verurteilten unschuldig waren, konnten sie sich schlicht nicht vorstellen.

Der Massenterror und die NKWD-Befehle. Dennoch fand keineswegs der gesamte Terror in der Öffentlichkeit statt. Dass Zigtausende wegen ihres sozialen Status, ihres Glaubens, früherer Auslandskontakte oder aber aufgrund ihrer ethnischen Zugehörigkeit als suspekt verhaftet oder deportiert wurden, sollte geheim bleiben. Der NKWD kam meist nachts mit getarnten Lieferwagen, auf denen «Brot» stand und die im Volksmund «schwarze Krähe» hießen. Dass es zu den Massenverhaftungen kam, hatte maßgeblich mit der Volkszählung im Januar 1937 zu tun, die, anstatt die neue, sozialistische Gesellschaft zu präsentieren, das Gegenteil offenbarte: Die nie veröffentlichten Ergebnisse zeigten, dass es noch unzählige Menschen gab, die dem Zaren gedient, der falschen Partei angehört und im Bürgerkrieg auf der Seite der Weißen gekämpft hatten. Die Hälfte der Bevölkerung erklärte, an Gott zu glauben. Anfang Juli 1937 verlangte Stalin von Jeschow und allen lokalen NKWD-Stellen, Listen aller «antisowjetischen Elemente» zusammenzustellen. Erfasst wurden aus der Verbannung zurückgekehrte «Kulaken», Mitglieder zerschlagener Parteien, Kleinkriminelle, Roma und Prostituierte. Auf dieser Grundlage erging am 30. Juli 1937 der berüchtigte NKWD-Befehl Nr. 00447 «Über die Operation zur Repression ehemaliger Kulaken, Krimineller und anderer antisowjetischer Elemente», der die breite Bevölkerung ins Visier nahm. Er sah zwei Kategorien von Strafmaß vor: sofortiges Erschießen oder acht bis zehn Jahre Lager. Stalin und Jeschow hatten geplant, in vier Monaten 260 000 Personen verhaften und davon rund 73 000 erschießen zu lassen. Doch als die örtlichen NKWD-Stellen die Kontingente erschöpft hatten und weitere Listen schickten, unterschrieb Stalin auch die. Einerseits konnte jeder auf diese Listen geraten; andererseits wurden Menschen, die rechtzeitig in einen anderen Landesteil flüchteten, dort meist nicht weiter behelligt.

Nicht minder suspekt als die «Asozialen», «Kriminellen» und «Kulaken» waren Stalin und seinen Vollstreckern die Ethnien, deren Mutternation im Feinddenken der Bolschewiki eine Bedrohung für die Sowjetunion darstellte. So stellte der Befehl Nr. 00439 vom 25. Juli 1937 alle deutschen oder ehemaligen deutschen Staatsbürger unter Generalverdacht der Spionage und Kollaboration mit der Gestapo. 42 000 Menschen ließ Stalin im Zuge der «deutschen Operation» ermorden. Dazu gehörten auch 242 Kommunistinnen und Kommunisten, die sich vor Hitler nach Moskau geflüchtet hatten und hier im Hotel «Lux» wohnten. Mit der «Operation zur Zerschlagung der Spionage- und Diversionsgruppen von Polen, Letten, Deutschen, Esten, Finnen, Griechen, Iranern, Charbinern, Chinesen und Rumänen» ließ Stalin dem NKWD freie Hand, alle zu verhaften, die er als Angehörige einer solchen Gruppe identifizierte. In großem Stil wurden auch Angehörige der nordkaukasischen Ethnien wie Tschetschenen und Inguschen verhaftet, die pauschal als renitent und kriminell galten.

Der Große Terror endete, als Jeschow, der selbst folterte, soff und vergewaltigte, Stalin zu eigenmächtig wurde; er verstand nicht, dass Stalin nur Unterwürfigkeit tolerierte und niemanden neben sich duldete. Stalin ersetzte ihn im November 1938 durch

Lawrenti Berija (1899–1953) und ließ ihn 1940 hinrichten. Zum Ende der Massenverhaftungen und -erschießungen trug auch bei, dass es erste Proteste gegen die Verhaftungen gab, dass die Wirtschaft zusammenbrach, dass die Verwaltung nicht mehr funktionierte, da nicht so schnell die Türschilder ausgetauscht werden konnten, wie die Führungskräfte wieder verschwanden. Für Stalin aber war zentral, dass er sämtliche gewachsenen personellen Verbindungen und Netzwerke so nachhaltig zerstört hatte, dass er vorerst sicher sein konnte, dass sich keine alternativen Machtzentren entwickeln würden.

Die genaue Opferzahl des Großen Terrors ist unbekannt. Die unter Chruschtschow eingesetzte Kommission ermittelte 1,5 Millionen Verhaftungen und 682 000 Erschießungen. Als gesichert gelten heute diese Exekutionen sowie mindestens 3,14 Millionen Verhaftungen.

Der GULag. Im Zuge der Massenverhaftungen baute der NKWD das System der Straf- und Arbeitslager auf 53 Lagerkomplexe mit Tausenden von Lagern aus. Anfang 1941 gab es in sämtlichen Strafeinrichtungen 2,9 Millionen Gefangene; 930 000 weitere Menschen befanden sich in Verbannung. Was die Angehörigen nicht wussten: Lautete das Urteil auf Lagerhaft «ohne Recht auf Korrespondenz», war in Wahrheit ein Todesurteil ergangen. Anders als in NS-Deutschland gab es zwar weder Vernichtungslager, noch war die Zwangsarbeit ein Mittel, die Häftlinge zu Tode zu quälen. Aber in den Lagern im Polarkreis in Workuta, Norilsk oder an der Kalyma, wo die Häftlinge in Bergwerken schufteten, Gold schürften oder Holz fällten, starb jeder Vierte an Hunger, Kälte oder Krankheit. Zu den Entbehrungen kam, dass die politischen Häftlinge oft von gewöhnlichen Kriminellen terrorisiert wurden. Als die Regierung das Strafrecht drastisch verschärfte, erhielten allein 1941 rund 1,4 Millionen Werktätige für geringste Verstöße am Arbeitsplatz fünf Jahre Lagerhaft.

Mit dem Überfall der Wehrmacht auf die Sowjetunion mussten zahlreiche Lager evakuiert werden; rund 150 000 Gefängnisinsassen wurden angesichts der herannahenden Wehrmacht exekutiert. Fast eine Million der vorzeitig entlassenen Insassen wurde in die Rote Armee eingezogen; zahlreiche der 1937 verhafteten Offiziere setzte Stalin wieder ein. Der Krieg spülte neue Häftlinge in die Lager: Deserteure, Staatsbürger der besetzten ostmitteleuropäischen Länder, aus Österreich und Deutschland sowie ukrainische, lettische und litauische «Nationalisten», die den Kampf gegen die sowjetische Wiederbesetzung bis in die 1950er Jahre fortführten.

3. Der Zweite Weltkrieg (1939/41–1945)

Sowjetische Außenpolitik in den 1930er Jahren. Im Großen Terror ließ Stalin auch etliche Komintern-Mitglieder verhaften und hinrichten, die polnische Sektion ließ er wegen «Trotzkismus» liquidieren, bevor er 1943 die Komintern ganz auflöste. Als er mit Hitler 1939 den Pakt schloss, stieß er mit Joachim von Ribbentrop «Auf den neuen Komintern-Gegner Stalin» an. Er hatte die Komintern als Mittel benutzt, die Kommunistischen Parteien im Ausland zu kontrollieren und über sie in diese Länder hineinzuwirken. Aber je mehr dieser Parteien verboten wurden und Stalin in direkten Kontakt mit deren Regierungen kam, desto suspekter empfand er sie als eigenständige nationale Stimmen. Doch auch das Außenamt und die Botschaften «säuberte» der NKWD gleich in zwei Wellen; in Berlin blieb nur ein Botschaftsrat als Ansprechpartner übrig.

Nachdem es in den 1920er Jahren unter Tschitscherin v. a. um die diplomatische Anerkennung der Sowjetunion gegangen war, verfolgte sein Nachfolger Maxim Litwinow (1876–1951) in den 1930er Jahren den Kurs der «kollektiven Sicherheit»: Angesichts der wachsenden Gefahr im Westen durch NS-Deutschland und im Osten durch Japan schloss Litwinow 1932 einen Nichtangriffspakt mit Frankreich ab und führte die Sowjetunion 1934 in den Völkerbund, wo Alexandra Kollontai sie vertrat. Nachdem die militärische Zusammenarbeit mit Deutschland 1933 beendet worden war, trafen beide Länder von 1936 an im blutigen Spanischen Bürgerkrieg als Gegner aufeinander. Unter der Fahne der Komintern unterstützte Stalin die Republikaner gegen Franco, unterzog aber gleichzeitig die kommunistischen Kämpfer einer blutigen Säuberungsaktion durch den NKWD.

Doch angesichts des Münchner Abkommens 1938, mit dem Frankreich und Großbritannien Hitler zugestanden, die Tschechoslowakei zu zerschlagen, ohne dass diese oder ihre Bündnispartnerin Sowjetunion dazu konsultiert worden waren, änderte Stalin seinen außenpolitischen Kurs. Am 3. Mai 1939 tauschte er den anglophilen, im Westen geschätzten Litwinow gegen seinen engsten Gefolgsmann Molotow aus und nahm Kurs auf ein Bündnis mit Deutschland.

Der Hitler-Stalin-Pakt 1939. Mit dem Rauswurf Litwinows, der Jude war, sandte Stalin nicht nur ein Zeichen an Hitler; mit Molotow zog auch ein ganz neuer Stil in die sowjetische Außenpolitik ein, in der statt aristokratischer Formen nun wie einst unter Trotzki bolschewistisches Gebaren herrschte. Die Verhandlungen über einen gegenseitigen Beistandspakt mit Frankreich und Großbritannien scheiterten auch deshalb, weil Molotow das Durchmarschrecht durch Polen verlangte, sollte Frankreich von Deutschland angegriffen werden und die Sowjetunion zur Hilfe eilen müssen. In dieser verfahrenen Situation ließ sich der deutsche Außenminister von Ribbentrop am 23. August 1939 nach Moskau einfliegen und unterschrieb binnen weniger Stunden mit Stalin einen Nichtangriffspakt, der nicht nur wie einst Rapallo die Welt schockierte, sondern dessen verbrecherischer Teil sich im geheimen Zusatzprotokoll verbarg. Darin teilten Deutschland und die Sowjetunion Polen zwischen sich auf; Hitler gestand Stalin zu, das Baltikum und das rumänische Bessarabien zu besetzen. Erst Gorbatschow sollte zugeben, dass es das Zusatzprotokoll gab. Bis dahin war die sowjetische und lange Zeit auch internationale Lesart, dass Stalin quasi gezwungen war, den Pakt einzugehen, um Zeit für die Vorbereitung auf einen Krieg zu gewinnen. Stalin begrüßte den Pakt mit Hitler durchaus, um die 1917 verloren gegangenen Territorien wiederzugewinnen, wollte aber anders als Hitler keinen Krieg.

Am 1. September überfiel Deutschland Polen, am 17. September marschierte die Rote Armee in Polen unter dem Vorwand des Schutzes ein. Da sich Finnland einem «Beistandspakt» widersetzte, bezwang die Rote Armee es im verlustreichen Winterkrieg 1939/40. Im April/Mai 1940 ließ Moskau u.a. im Wald von Katyn rund 22000 polnische Offiziere und Intellektuelle erschießen. Die Täterschaft, die Stalin in den Nürnberger Kriegsverbrecherprozessen Deutschland anhängen wollte, räumte ebenfalls erst 1989 Gorbatschow ein. Als Hitler im Mai 1940 sein Reich in die Benelux-Staaten und bis nach Frankreich ausdehnte, besetzte Stalin im Juni 1940 die drei baltischen Republiken und Bessarabien. Hier und in Ostpolen, das der Ukraine und Weißrussland einverleibt wurde, begann der NKWD sofort mit Deportationen und Massenerschießungen der bürgerlichen Eliten. Mehr als eine halbe Million Menschen wurden nach Kasachstan oder Sibirien deportiert. Im Rahmen der wirtschaftlichen, militärischen und polizeilichen Zusammenarbeit ließ Stalin nicht nur «Volksdeutsche» zu Hitler ausreisen; er lieferte der Gestapo auch zahlreiche geflüchtete deutsche Juden und Kommunisten aus.

22. Juni 1941. Am 22. Juni 1941 überfiel die Wehrmacht eine unvorbereitete Sowjetunion. Stalin hatte die Warnungen seiner verbliebenen Militärs ignoriert, dass Hitler kurz vor dem Angriff stehe. Die deutschen Truppen überrannten daher die Rote Armee, kesselten bereits im September Leningrad ein und erreichten schon im Dezember Moskau. Nach einer zweiten Offensive der Wehrmacht im Sommer 1942, bei der deutsche Truppen bis zum Elbrus im Kaukasus vorstießen, gelang der Roten Armee die Wende mit der Einkesselung der 6. Armee bei Stalingrad im September 1942. Nachdem sich dort die deutschen Soldaten Ende Januar 1943 ergeben hatten, rückte die Rote Armee nahezu ohne Rückschläge vor. Im Rahmen der seit 1941 bestehenden «Anti-Hitler-Koalition» mit Großbritannien und den USA erhielt die Sowjetunion zwischen 1942 und 1945 Lieferungen an Kriegsmaterial im Umfang von 11 Milliarden Dollar. Gleichzeitig forderte Stalin vehement die Eröffnung einer zweiten Front durch die Alliierten, um die Kriegslast auf mehrere Schultern zu verteilen. Die Rote Armee befreite am 27. Januar 1944 Leningrad und hatte bis Mitte 1944 die Wehrmacht weitestgehend außer Landes vertrieben, bevor die Alliierten in der Normandie landeten. Anfang 1945 standen sowjetische Truppen an der Demarkationslinie des Hitler-Stalin-Pakts. Unter großen Verlusten eroberten sie bis Anfang Mai 1945 Berlin.

Nachdem Stalin den ersten Schock des deutschen Überfalls überwunden hatte, setzte er den Volkskommissar für Verteidigung ab, ließ etliche Kommandeure erschießen und ernannte sich selbst zum Stabschef. Seit Mai 1941 war er bereits Regierungschef. Obwohl Moskau in Panik evakuiert wurde, flüchtete er nicht in den Regierungsbunker an der Wolga, sondern nahm am 7. November 1941 demonstrativ die Parade auf dem Roten Platz ab. Um die Bevölkerung zu kontrollieren, reagierte das Politbüro mit Gewalt und Propaganda: Alle, die aus der Armee oder auch nur von ihrem Arbeitsplatz desertierten, wurden vom NKWD standrechtlich erschossen oder ins Lager gebracht. Erneut ließ Stalin alle «verdächtigen» ethnischen Gruppen deportieren: 1941 wurden 450 000 Wolgadeutsche nach Kasachstan zwangsumgesiedelt; mit dem Abzug der Deutschen ließ Stalin 1944 alle deportieren, die er kollektiv der Kollaboration bezichtigte: zwei Millionen Angehörige der nord-kaukasischen Völker, von denen ein Drittel umkam; 180 000 Krimtartaren als «Vaterlandsverräter» sowie 100 000 meschketische Türken, die Kalmüken und die turksprachige Bevölkerung Südgeorgiens, die er pantürkischer Bestrebungen verdächtigte.

Gleichzeitig nutzte Stalin den Krieg, um die übrige Bevölkerung zu einer Leidensgemeinschaft zusammenzuschmieden, die er als «Brüder und Schwestern» zur Verteidigung ihres Mutterlandes – nicht des Kommunismus – aufrief. Der 22. Juni wurde zu einer Chiffre für einen wunderschönen Sommertag, an dem das glückliche Sowjetvolk hinterhältig von der «faschistischen Bestie» überfallen worden war. Gleichzeitig inszenierte die Propaganda Stalin als «genialen Feldherrn», der 1945 den Titel «Generalissimus» erhielt. Tatsächlich erlebten viele Menschen den Krieg als «freiere Zeit»: Vorher geächtete Schriftstellerinnen und Schriftsteller konnten wieder publizieren; sogar die orthodoxe Kirche durfte 1943 einen neuen Patriarchen wählen, der für Stalin und den Sieg beten sollte.

Vernichtungskrieg und Holocaust durch Kugeln. Die Bevölkerung war durch die deutschfreundliche Propaganda nach dem Hitler-Stalin-Pakt und das Verschweigen des wahren Frontverlaufs vollkommen unvorbereitet. Im Baltikum, in der Ukraine und in Weißrussland wurden die deutschen Truppenverbände anfangs als «Befreier» begrüßt. Dass die Wehrmacht einen Vernichtungskrieg um «Lebensraum im Osten» gegen slawische «Untermenschen» führte, erfuhr die sowjetische Bevölkerung erst im Kontakt mit den Besatzern. Weder ließen die Deutschen eine Selbstverwaltung noch die Auflösung der verhassten Kollektivwirtschaften zu. Stattdessen verlangten sie, Getreide, Juden und Bolschewiki auszuliefern. Während der teils über zwei Jahre währenden NS-Terrorherrschaft über das Baltikum, die Ukraine, Weißrussland und Westrussland plünderten die Deutschen das Land rücksichtslos aus und verschleppten 2,8 Millionen Zivilpersonen zur Zwangsarbeit ins «Reich». Von den rund 5,5 Millionen gefangenen Rotarmisten kamen 2,5 Millionen um: Die Deutschen ließen sie erfrieren, verhungern oder zu Tode arbeiten. Für Leningrad hatte Hitler verfügt, es nicht zu erobern, sondern es ausdrücklich auszuhungern, dann schleifen und von deutschen «Wehrbauern» besiedeln zu lassen. Während der 900-tägigen Blockade verhungerte von den drei Millionen Einwohnerinnen und Einwohnern eine Million.

Der Überfall auf die Sowjetunion war entscheidend für Hitlers Entschluss, alle Jüdinnen und Juden Europas massenhaft und industrialisiert ermorden zu lassen. Als Experimentierfeld für den Massenmord und als Vernichtungsfabrik benutzte er Osteuropa, wo er seit dem Sommer 1941 die Vernichtungslager errichten ließ: sechs auf dem Gebiet Polens sowie Maly Trostinez im heutigen Belarus. Doch während in den Vernichtungslagern in erster Linie die westeuropäischen Jüdinnen und Juden ermordet wurden, ließen Hitler und Himmler die meisten osteuropäischen Jüdinnen und Juden erschießen. Eines der größten Massaker verübten deutsche Einsatzkräfte am 29./30. September 1941, als sie über 33 000 Menschen in der Schlucht Babij Jar bei Kiew erschossen. Bis heute ist kaum bekannt, dass der Holocaust in erster Linie die Ermordung von 2,8 Millionen sowjetischen jüdischen Menschen war, die damit fast die Hälfte der sechs Millionen ausmachen. Noch weniger bekannt ist, dass darunter allein 1,4 Millionen ermordete ukrainische Jüdinnen und Juden waren. Dass des Holocaust durch Kugeln nicht als sowjetischer Tragödie gedacht wird, liegt daran, dass es nach bolschewistischer Ideologie Sowjetmenschen waren, die von den Deutschen ermordet wurden, und es ergo keine separate ethnische Opfergruppe geben konnte, die daraus etwa noch «nationalistische» Sonderrechte abgeleitet hätte. Im Westen war man nicht geneigt, der Sowjetunion im Kalten Krieg einen besonderen Opferstatus zuzugestehen, zumal sie sich selbst ausschließlich als Siegernation feierte. So sprach Stalin nach dem Krieg auch «nur» von sieben Millionen sowjetischen Opfern, die erst Chruschtschow auf 20 Millionen Tote korrigierte. Heute geht man von 25 bis 30 Millionen toten Sowjetmenschen, die Hälfte Zivilpersonen, und damit von 13 bis 15 Prozent der Gesamtbevölkerung aus. Die Ukraine verlor ca. 40 Prozent ihrer Bevölkerung.

Blutland und Sowjetisierung im Westen. Von Kriegsbeginn an versuchte die Führung, systematisch Partisanengruppen zu bilden, die hinter der Frontlinie die Deutschen sabotierten. Doch viele der beim Überfall der Deutschen zurückgebliebenen Einheiten verselbständigten sich und bekämpften bald mit einem eigenen politischen Programm beide Seiten. Stark umkämpft waren jene Gebiete, die nach 1917 und infolge des Hitler-Stalin-Pakts mehrfach zwischen Polen, der Ukraine, Weißrussland und auch Litauen hin- und hergewechselt waren und wo nun Emigranten, zarische Offiziere und Nationalisten hofften, erneut die Grenzen verschieben zu können. Die Gewalt des Vernichtungskriegs Hitlers einerseits, der Roten Armee und des NKWD andererseits sowie der hier operierenden Ukrainischen Aufstandsarmee (UPA) und der Polnischen Heimatarmee «Armia Krajowa» machte das Gebiet zum «Blutland». Die UPA umfasste mehrere

Zehntausend Mann, die nach kurzer Kollaboration mit den Deutschen den Kampf gegen sie aufnahmen. In den ukrainisch-polnischen Gebieten in Wolhynien und Cholm brach im Frühjahr 1943 ein blutiger ethnischer Krieg aus, der seinen Höhepunkt im Winter 1944 erreichte, als die UPA sämtliche Polen aus dem Gebiet vertrieb und nahezu 100 000 polnische Zivilpersonen ermordete, woraufhin die Armia Krajowa die ukrainische Bevölkerung massakrierte.

Mit dem Rückzug der Wehrmacht flohen seit 1943 auch viele antikommunistische Kämpfer außer Landes. Die nationalen Gruppen zogen sich in ihre Heimatgebiete im Baltikum und in der Westukraine zurück und kämpften einen verbissenen Kampf noch lange nach 1945. In der Ukraine waren im Januar 1946 noch 20 000 NKWD-Soldaten, 10 000 Rotarmisten und 26 000 Milizionäre im Kampf gegen die UPA im Einsatz, die nahezu die Hälfte des Landes kontrollierte und sich erst 1956 auflöste; auch in Moldawien, dem eroberten Bessarabien, kämpfte die Sowjetmacht noch 1950 gegen bewaffnete Widerstandsgruppen. Dessen ungeachtet wurden die im Zuge des Krieges eroberten neuen Republiken des Baltikums, die neuen Westgebiete Weißrusslands und der Ukraine sowie Moldawien komplett sowjetisiert: Um den Widerstand der Eliten und Bauern gegen die Kollektivierung der Landwirtschaft zu brechen, wurden bis 1950 rund 200 000 Ukrainer, 140 000 Litauer, 42 000 Letten, 20 000 Esten und 36 000 Moldawier deportiert, von denen viele noch beim Transport oder am Bestimmungsort in Sibirien oder Kasachstan umkamen. Die Posten in den neu eingerichteten Partei- und Sowjetstrukturen nahmen loyale russischsprachige Kader aus dem Zentrum ein, die weder Estnisch, Lettisch, Litauisch noch Rumänisch verstanden. Sie führten Russisch als Amtssprache ein, verstaatlichten Industrie, Handel und Banken, passten die Lehrpläne an Schulen und Hochschulen dem sowjetischen Modell an und unterwarfen die Literatur und Kultur dem Sozrealismus.

Nach diesem Modell verfuhr die Moskauer Parteiführung spätestens ab 1949 auch in den Ländern, in denen ihre Truppen standen: in Ostdeutschland, Polen, der Tschechoslowakei, Ungarn, Bulgarien und Rumänien. Nur Jugoslawien war von Josip Broz Tito, dem Generalsekretär der dortigen KP, selbst befreit worden und ließ sich von Stalin nichts diktieren, etablierte aber selbst ein nicht weniger rigides kommunistisches Regime.

4. Spätstalinismus (1945–1953)

Ideologie + Bombe = Kalter Krieg. Stalin hatte es geschafft, alle Konferenzen der «großen Drei» 1943 in dem sowjetisch besetzten Teheran sowie 1945 in Jalta und Potsdam in seinem Einflussbereich abzuhalten. Doch das Kräftegefüge änderte sich entscheidend, als noch während der Potsdamer Konferenz am 6. August 1945 der Abwurf der ersten amerikanischen Atombombe auf Hiroshima bekannt wurde. Stalin kommentierte: «Das Gleichgewicht ist zerstört.» Hatten sich vorher nur Kapitalismus und Kommunismus unvereinbar gegenübergestanden, verfügte nun die eine Seite über die Möglichkeit, die andere zu vernichten. Unter Hochdruck und Beteiligung zwangsverpflichteter deutscher Fachleute entwickelte die Sowjetunion bis 1949 ihre eigene Bombe. Der Kalte Krieg wird daher auch auf die Formel «Ideologie plus Bombe» gebracht. Je nach Auslegung wurde er durch die Aggressivität der Sowjetunion und ihren Anspruch auf Weltrevolution ausgelöst oder aber durch die USA, die mit der Atombombe die vollkommen ausgeblutete Sowjetunion in die Enge trieb. Im März 1947 machte der US-Präsident Harry S. Truman mit seiner berühmten «Lagerrede» den Konflikt öffentlich. Darin reklamierte er für den Westen freie Wahlen, Garantie der individuellen Freiheit sowie Rede- und Religionsfreiheit und erklärte die Sowjetunion zu einer Minderheitsdiktatur, die durch Terror herrsche. Der sowjetische Chefideologie und Parteichef Leningrads Andrei Schdanow (1896–1948) bezeichnete in seiner Antwort den Westen als «bürgerliche Pseudodemokratie» und Sammelbecken aller «Feinde der Arbeiterklasse».

Ringen um Deutschland und Ostmitteleuropa. Tatsächlich gab es kein Vertrauen mehr in die friedvollen Absichten des anderen;

es gelang den Alliierten weder, sich auf einen Friedensvertrag, noch, über die Zukunft Deutschlands zu einigen, das in vier Besatzungszonen unterteilt war, so wie Berlin in vier Sektoren. Mehrfach versuchte die Sowjetunion erst unter Stalin, dann unter Chruschtschow, eine Lösung für Deutschland und Berlin zu erzwingen. Aus Stalins Pufferzone entstand Schritt für Schritt der sozialistische Block, auch in Reaktion auf die Maßnahmen des Westens. Als 1947 die US-Regierung ein europaweites Wiederaufbauprogramm ankündigte, den ab 1948 gültigen «Marshall-Plan», hofften mehrere ostmitteleuropäische Staaten, davon profitieren zu können. Um sie davon abzuhalten und an sich zu binden, gründete Stalin anstelle der aufgelösten Komintern das Kommunistische Informationsbüro (Kominform) und forcierte 1948 in der Tschechoslowakei und Ungarn einen kommunistischen Umsturz sowie in Polen die Ersetzung liberaler Kräfte durch Stalinisten; der bulgarische Parteichef wurde von Stalin abgemahnt, und auch in Rumänien setzten sich die Kommunisten erst 1948 mit Moskaus Hilfe durch. Für weiteren Druck auf die Westalliierten sorgte Moskau, indem es im Juni 1948 West-Berlin abriegeln ließ, das nur noch über eine Luftbrücke versorgt werden konnte. Sie funktionierte so gut, dass Stalin im Mai 1949 sein Ziel aufgab, ganz Berlin in die sowjetische Besatzungszone einzugliedern und die Amerikaner davon abzuhalten, Westdeutschland mit dem Marshall-Plan an sich zu binden. Damit war die letzte Hoffnung auf eine Einigung über Deutschland dahin. Noch im Mai 1949 entließen die Westmächte die Bundesrepublik Deutschland in die weitgehende Selbständigkeit, im Oktober folgte die Gründung der DDR unter Moskaus Aufsicht. Das Gegenstück zum Marshall-Plan schuf die Sowjetunion 1949 mit dem Rat für gegenseitige Wirtschaftshilfe (RGW), der aber keine Aufbauhilfen vergab, sondern eine Aufgabenverteilung in der Industrieproduktion unter Moskauer Aufsicht vornahm. Ein letzter Versuch, Westdeutschland dem Einfluss der USA zu entreißen, eine gemeinsame Lösung für Deutschland zu erzwingen und einen Friedensvertrag zu schließen, war die «Stalin-Note» vom März 1952, in der er die Wiedervereinigung Deutschlands als neutraler Staat vorschlug. Die

Westmächte lehnten das als Propagandatrick ab, und die DDR begann zwei Monate später, die innerdeutsche Grenze durch Sperranlagen abzuriegeln.

Kriegsverheerungen und Hungersnot. Die Wehrmacht hatte die besetzten Sowjetrepubliken vollkommen verwüstet: Industrieanlagen, Staudämme, Kraftwerke waren gesprengt, Felder und Dörfer niedergebrannt, die Städte zerbombt und zerschossen. Doch während deutsche Fachkräfte schätzten, der Wiederaufbau der Ukraine werde 25 Jahre brauchen, verlangte Stalin, den Wiederaufbau innerhalb eines Fünfjahrplans (1946–1950) abzuschließen. Die Lage spitzte sich infolge einer globalen Dürre weiter zu, die in der Sowjetunion 1946/47 zur dritten großen Hungersnot führte, die Stalin als Werk des «Feindes» verharmloste. Chruschtschow, damals Parteichef der Ukraine, der um Lebensmittelhilfen bat, hielt er vor: «Sie sind ein Waschlappen! Die lügen Ihnen die Hucke voll, um an Ihre Sentimentalität zu appellieren.» Nach Schätzungen litten 1946/47 100 Millionen Menschen, mehr als die Hälfte der Bevölkerung, an Mangelernährung; zwei Millionen starben an Hunger. Nach 1947 stabilisierte sich die Lebensmittelversorgung auf niedrigem Niveau: 1953 nahm ein Sowjetmensch im Durchschnitt ein Kilogramm Kohlenhydrate und ca. 400 Gramm Milchprodukte am Tag zu sich. Das war nicht mehr, als offiziell einem GULag-Häftling zustand. Fleisch war Mangelware und wurde fast ausschließlich in die Großstädte Moskau und Leningrad geliefert. Ähnlich desaströs war die Wohnungsnot. Anstatt massenhaft Wohnraum zu schaffen, entschied sich die Regierung 1947 für repräsentative Prachtbauten im stalinistischen Zuckerbäckerstil. Der Plan zur Umgestaltung der Natur 1948 nahm allerdings immerhin Bezug auf die Dürre von 1946. Er sah vor, riesige Waldgürtel entlang der Flüsse im Süden anzupflanzen, um der Bodenerosion vorzubeugen. Der «Plan der Großbauten des Kommunismus» von 1950 schloss an die Großbaustellen der 1930er Jahre an und umfasste Projekte zur Bewässerung von Wüsten und gigantische Staudämme in Sibirien.

Trotz Propaganda waren die späten 1940er bzw. frühen

1950er Jahre nicht mehr vom Aufbau-Enthusiasmus geprägt, der sich in den 1930er Jahren zumindest auf die Arbeiteraktivisten übertragen hatte. Gleichwohl gab es direkt nach dem Krieg in den alten, zentralen Republiken eine Art Aufbruchsstimmung, da viele Menschen hofften, so wie Stalin sie unter Beschuss als «Brüder und Schwestern» zum Widerstand aufgerufen hatte, würde er sie jetzt als selbständige Bürger in den Wiederaufbau miteinbeziehen. Nicht zuletzt die kulturellen Lockerungen hatten Hoffnungen geweckt, es werde so weitergehen. Zudem hatten die Soldatinnen und Soldaten den Wohlstand in Ostmitteleuropa und Deutschland gesehen, den sie in Form von Fahrrädern, Nähmaschinen u.a. mitbrachten. Tatsächlich ließ das Politbüro einige westliche Spielfilme zu; «Tarzan» wurde zum Kassenschlager, und ein kleiner Teil der elitären städtischen Jugend, die Stiljagi, begann, sich bunt und unkonventionell zu kleiden, Tarzan-Frisuren zu tragen, verbotenen Jazz zu hören und Moskaus Prachtstraße «Broadway» zu nennen.

Schdanowschtschina, Antikosmopolitismus und Antisemitismus. Doch die Öffnung des Landes einerseits und die zahlreichen Aufständischen in den neu angegliederten Gebieten andererseits führten in Staat und Partei zu einer Feindhysterie, die das Freund-Feind-Denken der Vorkriegszeit weit übertraf. Von allen Wänden herab riefen Plakate die Sowjetmenschen zur Wachsamkeit und Verschwiegenheit auf, da der Feind immer mithöre und nur darauf warte zuzuschlagen. Um die vermeintlich westlich-bourgeoisen Einflüsse zu unterbinden, beschloss das Politbüro rigide Maßnahmen, die nach dem Chefideologen Schdanow Schdanowschtschina hießen: Er ließ literarische Zeitschriften verbieten und griff Schriftstellerinnen und Schriftsteller für ihre «vulgäre, triviale und kleinbürgerliche» Literatur an. Alles, was nicht strikt dem Sozrealismus folgte, beschimpfte er als «Kosmopolitismus», «unrussisch» und «unpatriotisch». Damit begann eine neue Phase des sowjetrussischen Nationalismus, in der sogar behauptet wurde, alle wesentlichen Erfindungen wie die Glühbirne oder der Dieselmotor seien einst in Russland gemacht, aber vom Ausland gestohlen worden. Schdanow griff sogar Einsteins Relativitätstheorie und Bohrs Quantenphysik als «bourgeoisen Idealismus» an und verbot den sowjetischen Atomphysikern deren Anwendung.

Die anti-westliche Kampagne kippte schnell in eine antisemitische Kampagne. Das Politbüro reaktivierte alte antijüdische Stereotype, während es sich zuvor stets bemüht hatte, die UdSSR als das gelobte Land für Jüdinnen und Juden darzustellen. Diese Rolle machte nun Israel der UdSSR streitig, dessen Botschafterin Golda Meir, einst in Kiew geboren, 1948 in Moskau von sowjetischen Juden frenetisch gefeiert wurde. Die Angst vor Konkurrenz und unkontrollierten Auslandsbeziehungen führten dazu, dass das Politbüro das Jüdische Antifaschistische Komitee, das während des Krieges international wichtige Propagandaarbeit geleistet hatte, 1948 auflöste und seine Mitglieder Anfang 1949 verhaften, seinen Vorsitzenden ermorden ließ. Es folgte 1949 eine allgemeine Entlassungswelle von Juden aus führenden Positionen. Im Rahmen einer Kampagne gegen eine «Antipatriotische Gruppe» verhaftete der MGB zudem zahlreiche Theaterkritiker. Obwohl es nie gesagt wurde, war anhand der Namen erkennbar, dass es sich bei den «Kosmopoliten» ausschließlich um Juden handelte. Insgesamt wurden rund 450 Schriftsteller, Schauspieler, Maler und Musiker verhaftet, 13 von ihnen nach einem Prozess 1952 hingerichtet. Der Höhepunkt dieser antijüdischen Kampagne war im Januar 1953 die Verhaftung von jüdischen Ärzten, denen zur Last gelegt wurde, Schdanow und andere Parteiführer ermordet zu haben. Dieser Auftakt zur dritten großen Terrorwelle, die ausschließlich Juden getroffen hätte, fand durch Stalins Tod ein jähes Ende; die Ärzte kamen sofort frei. Der strukturelle Antisemitismus aber blieb; erst ab den 1970er Jahren ermöglichte es der sowjetische Staat Jüdinnen und Juden zu emigrieren.

Angstherrschaft und Tod Stalins. Stalin und sein engster Kreis hielten nicht nur die Bevölkerung mit Feindhysterie in Schach. Unerbittlich wachte der Diktator auch darüber, dass sich im Führungskreis niemand sicher oder gar als potentieller Nachfolger wähnte. Aus Angst, als Abtrünnige zu gelten, wagten die

Politbüromitglieder nicht, sich ohne Stalin zu treffen. Auch waren sie sich nach den Gelagen bei ihm nie sicher, ob man sie nach Hause oder ins Lager bringen würde. Ein letztes Exempel statuierte er 1950 an der Leningrader Parteiführung, die nach Schdanows Tod 1948 in seinen Augen zu selbständig agierte. Alle neun Leningrader Parteiführer ließ er zusammen mit dem Leiter der Staatlichen Planungsbehörde Gosplan in einem Geheimprozess anklagen, eine feindliche Gruppierung zum Kampf gegen die Partei gegründet zu haben; sechs wurden hingerichtet.

Der Machtdiffusion diente auch der 19. Parteitag im Oktober 1952: der erste nach dem Krieg, der zweite nach dem «Parteitag der Sieger» 1934 und Stalins letzter. Er ließ das Politbüro in «Präsidium» umbenennen und auf 25 Mitglieder ausdehnen. Seinen einst engsten Weggefährten Molotow, dem er 1949 das Amt des Außenministers (seit 1946 gab es statt der Volkskommissariate wieder Ministerien) genommen hatte, ließ er aus dem Politbüro zusammen mit anderen alten Mitstreitern entfernen und von jungen Kadern ersetzen.

Seine engste Umgebung lebte so sehr in Angst, dass sich am 1. März 1953 niemand traute, nach Stalin zu sehen, als er nicht wie gewohnt aufstand. Auch die endlich herbeigerufenen Ärzte trauten sich kaum, den durch einen Schlaganfall halbseitig Gelähmten anzufassen. Stalin erwachte nicht mehr und starb am 5. März 1953.

Die Partei inszenierte eine landesweite Massentrauer um den «geliebten Führer», zu dessen Verabschiedung Tausende zum Säulensaal des Gewerkschaftshauses in Moskau pilgerten, wo bei einer Massenpanik Hunderte zu Tode kamen. Doch heimlich jubelten auch viele Menschen über den Tod des Tyrannen.

Stalin wurde neben Lenin im Mausoleum aufgebahrt, bis Chruschtschow ihn 1961 im Rahmen des 22. Parteitags an der Kremlmauer verscharren ließ.

III. Tauwetter (1953–1964)

Als «Tauwetter» gelten die Jahre unter Chruschtschow. Der Name ist dem gleichnamigen Roman von Ilja Ehrenburg (1891–1967) aus dem Jahr 1954 entlehnt, in dem er das Schmelzen von Eis und Schnee im Frühjahr mit der Rückkehr der Gefangenen aus den Lagern, der Rehabilitierung von «Volksfeinden» und Absetzung stalinistischer Karrieristen in Bezug setzte. Diese Zeit steht nicht nur für Amnestien und die Auflösung des GULag, sondern auch für eine allgemeine gesellschaftliche Öffnung, die Lockerung der Zensur und das erste vorsichtige Sprechen über Stalins Verbrechen. Das Klima der Angst, das die Gesellschaft paralysiert hatte, verschwand. Chruschtschow brachte der Gesellschaft das Lachen zurück, so der Schriftsteller Andrei Bitow (1937–2018), und das im doppelten Sinne: Man durfte über Chruschtschow Witze reißen, ohne dafür wie unter Stalin ins Lager zu kommen. Obwohl mit Chruschtschows Absetzung 1964 nicht sofort alle Freiheiten verschwanden, gilt das Ende seiner Amtszeit auch als Ende des Tauwetters.

Nikita Chruschtschow (1894–1971) wurde als Sohn russischer Arbeiter in der Ostukraine geboren, wo er selbst als Bergmann arbeitete, bevor er in den Bürgerkrieg zog und in der Partei Karriere machte. Als die KP ihn 1929 zum Studium schickte, traf er dort Stalins Frau, die ihn ihrem Mann vorstellte. Stalin machte Chruschtschow 1934 zum Parteiführer Moskaus und 1938 der Ukraine, um dort den Terror umzusetzen. Nachdem Chruschtschow im Krieg die Ukraine von deutschen Truppen befreit hatte, blieb er deren Parteichef, bis Stalin ihn 1949 wieder nach Moskau rief. Chruschtschow gilt als Zögling Stalins, der sich aber eine eigene Meinung bewahrte und nicht zu dessen ergebensten Vertrauten zählte.

1. «Kollektive Führung» nach Stalin

Noch vor Stalins Tod kamen am 5. März die Mitglieder aus ZK, Ministerrat und dem Präsidium des Obersten Sowjets unter Chruschtschows Leitung zusammen und machten in nur 40 Minuten viele seiner letzten Entscheidungen rückgängig: Molotow kehrte in sein Amt als Außenminister zurück, Malenkow erbte von Stalin das Amt des Ministerratspräsidenten, Chruschtschow, allerdings erst im Herbst, das Amt des Ersten Parteisekretärs, und Berija erhielt das Innenressort samt Staatssicherheit. Das Parteipräsidium schrumpfte wieder auf elf Mitglieder und vier Kandidaten. Die so aufgestellte «kollektive Führung» schwor, keine Machtkonzentration in einer Hand mehr zuzulassen, sondern künftig alles gemeinsam zu entscheiden. Allerdings herrschte von Beginn an Argwohn und Angst, denn unter Stalin hatten sie nicht gelernt, sich zu vertrauen und zusammenzuarbeiten.

Berija und die DDR. Eine erstaunliche Wandlung zeigte Berija: Er, der die Bevölkerung und Partei seit 1938 terrorisiert hatte, löste sein einstiges Imperium, den GULag, auf, schaffte die Sondergerichte ab und verbot das Foltern als Verhörmethode. Sodann zitierte er Vertreter aus der DDR und Ungarn nach Moskau und forderte sie zu liberalen Reformen auf. Doch bevor die konsternierte SED-Führung das umsetzen konnte, revoltierte am 17. Juni 1953 deren Bevölkerung gegen erhöhte Arbeitsnormen. Während Moskau zuvor offen die Aufgabe der DDR diskutiert hatte, führte der Aufstand allen die möglichen Konsequenzen von Kontrollverlust über Imageschaden bis zum befürchteten Domino-Effekt vor Augen. Malenkow und Chruschtschow nahmen das als Vorwand, um am 26. Juni 1953 Berija verhaften und ihn im Dezember 1953 hinrichten zu lassen. Die Schuld am Aufstand in der DDR war nur vorgeschoben. Vielmehr fürchteten die Parteiführer, Berija verfüge über kompromittierendes Material über sie und werde das gegen sie einsetzen. Die Parteiführung schuf mit diesem Junktim aber ein folgenschweres Exempel: Wer den drohenden Verlust eines «Bruderstaats» zu verantworten hatte, verlor seinen Posten. Allerdings war Berija der letzte Parteiführer, der hingerichtet wurde.

Machtkampf und Putsch 1957. Chruschtschow führte seit September 1953 die Partei und nutzte diese Stellung, um seine Macht gegenüber dem Regierungschef Malenkow auszubauen. Anderthalb Jahre brauchte er, bis er ihn im Februar 1955 absetzen konnte. Die Partei folgte Chruschtschow, weil sie in Malenkow den verhassten Partner Berijas sah, der den Großen Terror mitorganisiert hatte. Vordergründig ging es um den ewigen Streit, ob die Leichtindustrie und damit die Versorgung der Bevölkerung zu fördern sei (Malenkow) oder die traditionell privilegierte Schwerindustrie weiter Vorrang haben müsse (Chruschtschow). Doch Malenkow und die alten Mitstreiter Stalins saßen weiter im Parteipräsidium und versuchten, ihre Politik und Pfründe zu verteidigen. Nachdem Chruschtschow 1956 Molotow und Anfang 1957 weitere Minister entmachtet hatte, putschten sie im Juni 1957 unter Malenkows Leitung gegen ihn. Obwohl Chruschtschow im Präsidium nur die Unterstützung der nicht-stimmberechtigten Kandidaten hatte, konnte die eilig zusammengerufene ZK-Plenarsitzung den Putsch abwenden. Nicht umsonst hatte Chruschtschow die ZK-Mitglieder aus den Regionen und Republiken in den zwei Jahren davor mit zahlreichen Wirtschaftshilfen umworben. Die «Anti-Partei»-Gruppe wurde aus dem Präsidium ausgeschlossen, das Chruschtschow mit seinen Gefolgsleuten besetzte. Im März 1958 übernahm er auch das Amt des Ministerpräsidenten.

2. Entstalinisierung

Das Parteipräsidium beschloss 1955 gemeinsam, eine Kommission einzusetzen, die das Schicksal der Delegierten des 17. Parteitags 1934 und anderer Parteimitglieder zwischen 1935 und 1940 überprüfen sollte. Chruschtschow setzte durch, den brisanten 70-seitigen Bericht dem 20. Parteitag auf einer geschlossenen Sitzung vorzustellen. Gravierender als die Debatte, ob Chruschtschow dies nur aus machtstrategischen Erwägungen tat, ist die Frage, warum sich die Führung von Angst und Gewalt als zentralem Herrschaftsmittel verabschiedete, das sich 25 Jahre lang «bewährt» hatte? Zunächst waren die Parteiführer nicht nur Stalins willige Vollstrecker gewesen, sondern auch Opfer seiner Demütigungen sowie Verhaftung oder Ermordung naher Verwandter. Dann waren sie der Meinung, dass GULag und Genickschussanlagen nicht zu einem modernen, sozialistischen Staat passten. Ihre idealistische Vorstellung war, die Menschen von der Überlegenheit des sozialistischen Systems überzeugen zu können. An die Stelle von Zwang und Tyrannei traten Erziehung und Paternalismus.

Auch der KGB ersetzte die martialisch anmutenden Lederjacken durch zivile Straßenanzüge und verstand sich von nun an als Erziehungsbehörde, die Strauchelnde erst ermahnte, dann verwarnte und erst auf der dritten Stufe verhaftete. Dann folgten Gefängnis, Lagerhaft, Zwangspsychiatrisierung, Ausbürgerung oder Verbannung, aber nicht mehr Folter und Mord.

Die Heimkehr der Häftlinge. Die Lageröffnungen begannen sofort nach Stalins Tod: Die verhafteten jüdischen Ärzte kamen umgehend frei, und mit der ersten Amnestie vom 27. März 1953 kehrten 1,2 Millionen Lagerhäftlinge zurück, die allerdings nicht wegen politischer Vergehen, sondern wegen minderer Delikte eingesessen hatten. Über das Schicksal der politischen Gefangenen entschied seit 1954 eine Revisionskommission, die jeden Einzelfall prüfte. Angesichts der großen Erwartungen unter den Lagerinsassen und den nur zögerlichen Amnestien kam es 1953 und 1954 zu teils wochenlangen Lageraufständen, die erst nach Einsatz von Waffengewalt endeten. Allen voran revoltierten die nicht-russischen Ethnien: In Workuta waren 50 der 53 getöteten Aufständischen Ukrainer, Litauer, Esten, Österreicher, Deutsche und Polen.

Die Gesellschaft hatte rund vier Millionen Rückkehrer aufzunehmen und mit Arbeit und Wohnraum zu versorgen sowie kulturell zu integrieren. Besonders angespannt war die Situation in den jungen sowjetischen Gebieten, dem Baltikum, in Weißrussland, der Ukraine und Moldawien, in die Tausende von

«Nationalisten» zurückkehrten, denen die russifizierten Behörden Pässe, Wohnraum und Arbeit verweigerten. Viele als ethnisches Kollektiv Deportierte wurden zwar rehabilitiert, durften aber trotzdem nicht in ihre Heimat zurückkehren: Das betraf u.a. die Wolgadeutschen und die Krimtartaren. Ihnen blieb nichts anderes übrig, als sich in Kasachstan anzusiedeln. Tschetschenen und Inguschen durften seit 1957 in den Nordkaukasus zurückkehren, wo es zu gewalttätigen Zusammenstößen mit der dort neu angesiedelten Bevölkerung kam, von der in der Folge 113 000 Personen die Region verließen.

In den «alten» sowjetischen Republiken war es oft die Bevölkerung selbst, die sich weigerte, die «Volksfeinde» von gestern als normale Sowjetbürger zu akzeptieren. Es kam zu Konflikten um den Wohnraum der einst Verhafteten, den längst neue Bewohner bezogen hatten. Zudem verängstigten vagabundierende Banden freigelassener Berufskrimineller die sowjetische Bevölkerung. Nicht zuletzt herrschte eine große Abneigung vor der Vulgär-Kultur der Lager, die die Jugend teils adaptierte. Als Alexander Solschenizyn (1908–2008) seine achtjährige Erfahrung im GULag in seiner berühmten Erzählung «Ein Tag im Leben des Iwan Denissowitsch» 1962 öffentlich machte, war das politisch eine Sensation, aber viele Bildungsbürger schockierte die von Solschenizyn verwendete derbe Lagersprache.

Die Geheimrede 1956. So war die Sowjetunion längst in allen Bereichen und Regionen in Bewegung geraten, als im Februar 1956 der 20. und erste Parteitag nach Stalins Tod stattfand. Er war offiziell bereits zu Ende, als Chruschtschow die 1400 Delegierten zu einer weiteren nächtlichen Sitzung einlud und den im Präsidium abgestimmten Redetext «Über den Personenkult und seine Folgen» vortrug. Chruschtschow sprach vom Mord an 70 Prozent der Delegierten des 17. Parteitags 1934, von der Deportation der Ethnien, dem Personenkult und Stalins Fehlentscheidungen im Krieg, die Tausende von Soldaten mit dem Leben bezahlten. Tabu blieben dagegen die Entkulakisierung und Kollektivierung sowie die Schauprozesse; Bucharin, Sinowjew und Kamenew und viele andere wurden erst unter Gorbatschow rehabilitiert, Trotzki hielt sogar Gorbatschow noch für schuldig. Chruschtschow unterschied zwischen Stalin als einem «guten» Parteiführer bis 1934 und einem «schlechten», der aufgrund persönlicher Charakterzüge seit 1935 Land und Leute terrorisiert hatte. Stalin war die Abweichung von der richtigen Linie Lenins, zu der bzw. dem die Partei nun zurückkehren musste. In den kommenden Tagen und Wochen lasen Genossen im ganzen Land auf geschlossenen Versammlungen den Parteimitgliedern die «Geheimrede», wie der Westen sie nannte, vor. Da nirgends Diskussionen zugelassen waren, bestürmten Tausende von Sowjetmenschen das ZK mit Briefen, wie der Terror möglich gewesen sei und warum die Parteiführer ihn nicht verhindert hätten. So entschloss sich das Präsidium, eine Zusammenfassung der Rede in der «Prawda» zu veröffentlichen und gleichzeitig die neue Leitlinie vorzugeben: An die Stelle des Personenkults sollten «sozialistische Rechtsstaatlichkeit» und «Kollektivführung» treten. Die Parteiführung warnte eindringlich davor, den Prozess von «Kritik und Selbstkritik» zur Diffamierung von Staat und Partei zu missbrauchen. Doch selbst diese eingeschränkte Abrechnung mit Stalin ließ viele Menschen wie Lew Kopelew (1913–1992), der selbst neun Jahre im Lager gesessen hatte, wieder hoffen: «[Wir] lebten mit einem neuen Freiheitsgefühl (…).»

Schockwellen im Ostblock. Ein neues Freiheitsgefühl sollten auch die Menschen in den Bruderstaaten erfahren, befand das Moskauer Parteipräsidium. Die Parteiführungen alle Bruderparteien waren als Gäste des Parteitags zugegen, als Chruschtschow die Geheimrede verlas. Sie waren aber nicht auf eine Entstalinisierung vorbereitet. Während es in der Sowjetunion vor allem um Verbrechen der 1930er Jahre ging, lag die Einführung stalinistischer Praktiken in den Satellitenstaaten erst wenige Jahre zurück und hatte die aktuellen Parteiführer oft erst an die Macht gebracht. Gleichzeitig gärte es in den Bevölkerungen. Den ohnehin schwer erkrankten polnischen Parteichef Bolesław Bierut streckte die Geheimrede mit einem Herzinfarkt nieder. Sein Nachfolger Edward Ochab beschrieb die Rede als «Hammer», den sie «über den Kopf gezogen» bekamen. Dort, wo in Polen die Rede bekannt wurde, kam es zu spontanen antirussischen Protesten und Ausschreitungen. Massenamnestien führten Ende Juni 1956 in Posen zu Arbeiterstreiks und Massendemonstrationen gegen das sozialistische Regime. Während die polnische Parteiführung den Aufstand blutig niederschlagen ließ, forderte sie gleichzeitig den Abzug sowjetischer Offiziere. Als sie nicht nur den einst als «Nationalisten» verhafteten Władysław Gomułka wieder aufnahm, sondern im Oktober auch zum Vorsitzenden wählen wollte, flog Chruschtschow mit dem halben Präsidium und einem Dutzend Generälen nach Warschau, um die polnischen Genossen zur Ordnung zu rufen. Die nichtgeladenen Moskauer wie auch die in Bewegung gesetzten sowjetischen Truppen zogen sich erst zurück, nachdem Gomułka Chruschtschow zugesichert hatte, den Warschauer Pakt nicht zu verlassen.

Das Präsidium hatte gerade den Abfall Polens verhindert, als es am 23. Oktober 1956 die Nachricht erreichte, in Ungarn sei eine friedliche Großdemonstration von Studierenden und Werktätigen in einen bewaffneten Volksaufstand umgeschlagen; die Budapester hatten die Rundfunkstation besetzt und das monströse Stalin-Denkmal geschleift. In Ungarn war die Parteiführung unter Ernö Gerö moskautreu und forderte selbst sowjetische Truppen an, die sofort mit rund 30 000 Soldaten und 1 100 Panzern die Lage zur Eskalation brachten. Das Moskauer Präsidium hatte gehofft, dass die gleichzeitige Neubesetzung der Parteispitze mit dem Reformer Imre Nagy die Lage beruhigen und das Blutbad beenden werde. Aber anders als Gomułka dachte Nagy gar nicht daran, sich auf einen Handel mit Moskau einzulassen, und erklärte nach einer Woche, dass Ungarn aus dem Warschauer Pakt austreten werde. Das panische Moskauer Präsidium, das angesichts der Hunderte von Toten bereits öffentlich erklärt hatte, es werde die Truppen abziehen und verhandeln, entschied sich daraufhin, den Verbleib Ungarns im Bündnis doch mit Waffengewalt zu erzwingen. Zwei Wochen dauerten die blutigen Kämpfe, bei denen 20 000 Ungarn und 1 500 sowjetische Soldaten starben.

Nicht unerheblich für den Waffengang war, dass zur gleichen Zeit, am 31. Oktober, Großbritannien und Frankreich Ägypten angriffen, um wieder die Kontrolle über den Sueskanal zu erlangen. Das Präsidium wusste nicht, dass die USA nicht eingeweiht waren, und fürchtete eine geopolitische Verschiebung, angesichts der es den Verlust Ungarns nicht hinnehmen und damit als schwach erscheinen wollte.

Die Geheimrede führte schließlich zu einem Zerwürfnis mit China, das die Abkehr vom Stalinismus für einen Fehler hielt. 1960 zog Chruschtschow auch aufgrund eines persönlichen Zerwürfnisses mit Mao Tse-tung sämtliche Berater und Hilfen aus China ab. Dafür konnte er Tito zurückgewinnen, auch wenn er weder dem RGW noch dem Warschauer Pakt beitrat.

3. «Lebendige Verbindung mit den Massen»

Angesichts des Bebens im In- und Ausland versuchte das Parteipräsidium fieberhaft, den Frust in konstruktive Impulse umzuleiten. Anstatt Kritik an den Parteiführern zu üben, sollten sich die Sowjetmenschen dafür einsetzen, dass am Arbeitsplatz despotische Vorgesetzte durch junge Kräfte ersetzt wurden. Alle Werktätigen wurden aufgerufen, die Betriebsversammlungen aus der ritualisierten Starre zu holen und zu lebendigen Diskussionsforen zu machen, um die Produktion zu steigern. Auch die Partei-, Gewerkschafts- und Wohnblockversammlungen sollten Orte des ehrlichen Austauschs und der gemeinsamen Gestaltung werden. «Lebendige Verbindung mit den Massen» gab Chruschtschow als Motto für die Parteiführung aus: Nicht nur begann er, zu ZK-Plenarsitzungen Hunderte von Fachleuten einzuladen, die die Partei bei den Reformprojekten berieten. Er stieß gesellschaftliche Debatten an, die anders als bei der Stalin'schen Verfassung 1936 nicht nur Propagandawert hatten: Sowohl die Bildungsreform 1958 als auch die Justizreform 1959 diskutierte die sowjetische Öffentlichkeit allerorten. Auch das neue Parteiprogramm ließ Chruschtschow landauf, landab beraten. Bei dessen Verabschiedung 1961 versprach er, dass die Sowjetunion 1980 den Kommunismus erreichen werde. In Hinblick darauf ließ er eine neue Verfassung diskutieren, die aber nach seiner Absetzung von der Tagesordnung verschwand.

Literatur als Ersatzöffentlichkeit. Auch die Literatur- und Zensurpolitik stand im Zeichen der Angst vor Aufruhr. Hatte Ehrenburgs «Tauwetter» 1954 problemlos erscheinen können, veröffentlichte Wladimir Dudinzew (1918–1998) seinen Roman «Der Mensch lebt nicht vom Brot allein» im Herbst 1956 in einer so angespannten Zeit, dass Chruschtschow ihn wegen «Schwarzmalerei» angriff und die Presse ihn mit einer Schmutzkampagne überzog. Dudinzew entwarf ein sehr düsteres, kafkaeskes Bild der stalinistischen Bürokratie, dem der schöpferisch tätige Mensch, hier ein Erfinder, wehrlos ausgeliefert ist: Statt Anerkennung erfährt er Verleumdung, Verrat und schließlich Lagerhaft. Neben «Tauwetter» war dies der zweite große Roman, der die Menschen bewegte und erschütterte. Die Literatur war so zentral und daher auch für die Partei sensibel, weil hier die Auseinandersetzung mit dem Stalinismus stattfand. Was zu heikel war, um in Zeitungen oder Geschichtsbüchern zu erscheinen, konnte in Romanen oder Memoiren gedruckt werden. Man scherzte, dass Historiker Fiktionen, aber Schriftsteller Geschichte schrieben. Literatur wurde zur politischen Ersatzöffentlichkeit; die Menschen rissen sich um die Zeitschriften mit den Romanabdrucken.

Dabei musste zunächst die Literatur selbst entstalinisiert werden: Der Schriftsteller Wladimir Pomeranzew (1907–1971) wurde 1953 über Nacht berühmt, als er alle Autoren zur «Aufrichtigkeit in der Literatur» aufrief, anstatt stumpf Parteiphrasen zu dreschen. Tatsächlich hatte sich gerade im Spätstalinismus ein schwülstiger, von Pathos triefender, ideologiegeschwängerter Stil etabliert, der Lesende abschreckte. 1954 tagte der Schriftstellerkongress zum zweiten Mal nach 1934, um den Sozrealismus vom Mehltau der Stalin-Zeit zu befreien und ihm neues Leben einzuhauchen. Dabei ging es keineswegs nur um den Stil, sondern auch um die vielen verhafteten und ermordeten Schriftsteller.

Dennoch wurden weiter Schriftsteller verfolgt, wenn sie das

Prinzip missachteten, dass die Revolution positiv, Probleme als lösbar und der Held am Ende als geläuterter Bolschewik zu erscheinen hatten. Als Boris Pasternak (1890–1960) 1957 mit seinem Jahrhundert-Roman «Doktor Schiwago» ein melodramatisches Sittengemälde über die Wirren und Abgründe von Revolution und Bürgerkrieg entwarf und er dafür 1958 den Literaturnobelpreis erhielt, initiierten Partei und Schriftstellerverband eine solche Hetzkampagne gegen ihn, dass Pasternak erst den Nobelpreis ablehnte und kurz darauf an zerrütteter Gesundheit starb.

Weiterhin galt auch, dass sich nur Schriftsteller nennen und veröffentlichen durfte, wer Aufnahme im Verband fand. Wer im «Selbstverlag» (Samisdat) publizierte und keiner regulären Tätigkeit nachging, galt als «Parasit». Den späteren Nobelpreisträger und Emigranten Joseph Brodsky (1940–1996) verurteilte ein Gericht Anfang 1964 zu fünf Jahren Zwangsarbeit am Polarkreis, weil er unbefugt Gedichte geschrieben und verbreitet hatte.

Sozialkontrolle. Der Kampf gegen «Parasiten», «Sozialschmarotzer» und «Herumtreiber» war keineswegs nur eine Initiative der Partei, sondern entsprach der Verunsicherung der Bevölkerung, die angesichts der GULag-Heimkehrer die Aufweichung stalinistischer Normen und Werte wie Gehorsam, Disziplin, Anstand und Ordnung fürchtete. Suspekt waren ihr auch die unangepassten Stiljagi und «Hooligans», ein direkt ins Russische übertragener Begriff, der alle bezeichnete, die durch sozial abweichendes Verhalten auffielen: Trunksucht, Randale, Schlägereien, Vergewaltigung. Zwischen 1947 und 1956 verfünffachte sich die Zahl der verurteilten «Hooligans». 1954 belebte der Komsomol die Nachbarschaftspatrouillen aus den 1930er Jahren wieder, die der Miliz dabei halfen, für Ruhe auf den Straßen zu sorgen. 1957 legte das Parteipräsidium einen ersten Gesetzentwurf vor, gegen «Personen, die einen asozialen, parasitären Lebenswandel führen», der aber zunächst aufgrund des Aufschreis in der Intelligenzija zurückgenommen und erst 1961 verabschiedet wurde. Auf dieser Grundlage wurden Brodsky und viele andere autonome Kulturschaffende verurteilt, die keiner anerkannten Lohnarbeit nachgingen. Weiter beschloss der Ministerrat 1959, Werktätigen-Milizen und Kameradschaftsgerichte einzusetzen. Jedes Arbeitskollektiv mit mehr als 50 Personen wurde verpflichtet, ein solches Tribunal einzurichten, um Disziplinverletzungen zu ahnden. Einerseits sollten diese Verfahren die regulären Gerichte von Bagatellfällen entlasten; andererseits pries Chruschtschow das Gesetz als Übergang zum Kommunismus, in dem alle Konflikte von den Bürgern selbst geregelt würden.

Glaubenskampf und «nationale» Einheit. Der nahende Übergang zum Kommunismus einerseits und die Angst vor Kontrollverlust andererseits führten nach drei sehr liberalen Jahren 1958 zu einer erneuten Kampfansage gegen «religiöse Relikte». Das ZK entfachte eine bis 1964 andauernde Hetzkampagne nicht nur gegen die orthodoxe Kirche, den Islam und den jüdischen Glauben, sondern gerade auch gegen alle anderen als «Sekten» bezeichneten Freikirchen, darunter Baptisten und die Zeugen Jehovas. Unter Dauerpropaganda in allen Medien mussten Geistliche öffentlich abschwören, Gotteshäuser schließen, Gemeinden sich auflösen und jede Art von Jugendarbeit einstellen. Die Zahl der orthodoxen Kirchen halbierte sich auf 10 000, von acht Priesterseminaren blieben drei, von 63 Klöstern 16 übrig; von über 2300 Moscheen überlebten keine Tausend, auch wenn zahlreiche muslimische Gemeinden heimlich weiterpraktizierten; Synagogen gab es 1966 nur noch 62. Nicht nur verurteilte der Staat zahlreiche Gemeindeführer zu Haftstrafen. Auch den «Parasiten-Paragraphen» setzte er gegen Geistliche ein, von denen er Hunderte für zwei bis fünf Jahre in entlegene Gebiete zur Zwangsarbeit verbannte.

Die antireligiöse Propaganda war auch ein Haltesignal für die vom Islam geprägten Sowjetrepubliken und die muslimischen Ethnien in der RSFSR. Ohne dass es explizite Aussagen gegeben hätte, interpretierten viele Republiken und Autonome Gebiete Chruschtschows Initiativen für Mitgestaltung und Dezentralisierung als Möglichkeit, eigene Interessen zu bekunden, eigene

Eliten aufzubauen, Forderungen zu stellen und sogar Unmut über die Russifizierung zu äußern. Das änderte sich 1958 nicht nur mit dem Glaubenskampf, sondern auch mit einer Schulreform, die in der RSFSR Russisch zur einzigen und in allen anderen Republiken zur Zweitsprache erklärte. Diese Monopolstellung des Russischen schrieb das ZK im neuen Parteiprogramm von 1961 fest: Das Erreichen des Kommunismus bedeute auch, dass alle Nationalitäten zu einer verschmölzen, mit einer Kultur und Sprache, dem Russischen.

Gleichwohl tolerierte die Partei seit Anfang der 1960er Jahre, lokale Gedenktage zu begehen und entsprechende Denkmäler einzufordern. 20 Jahre nach dem Massaker veröffentlichte Jewgeni Jewtuschenko 1961 sein berühmtes Gedicht «Babij Jar», das Schostakowitsch 1962 vertonte. In Armenien verlangten seit 1962 immer mehr Eingabenschreiber ein Denkmal für den Genozid von 1915, dessen Bau tatsächlich 1965 zum 50. Jahrestag verkündet wurde.

Dass 1954 anlässlich des 300. Jahrestags des Bundes zwischen der Ukraine und Russland der Oberste Sowjet beschloss, die Krim an die Ukraine zu übergeben, erfolgte in erster Linie aufgrund der «ökonomischen Gemeinsamkeiten, der territorialen Nähe und der engen Wirtschafts- und Kulturbeziehungen», denn die Halbinsel war auf dem Landweg nur über die Ukraine zu versorgen. Darüber hinaus war es ein symbolisches Zeichen für die Gleichberechtigung Kiews mit Moskau. In Bergkarabach weckte die Abtrennung der Krim aber Hoffnungen, Grenzziehungen könnten revidiert werden. Auf zahlreiche Eingaben folgte 1963 ein Gesuch von 2500 Armeniern an Chruschtschow, er möge Bergkarabach wieder mit Armenien vereinigen.

4. «Die USA überholen» – Von Reformstau zu Reformwahn

Die Auflösung des GULag und die Wiederbelebung der Gesellschaft bei Bewahrung der Einheit waren aber nur eine fundamentale Aufgabe, die das Präsidium bewältigen musste. Noch drängender war es, die Bevölkerung zu ernähren und aus der bitteren Armut zu holen. Das Land war immer noch von den Verwüstungen des Kriegs gezeichnet; es herrschte Mangel und Not an allem. Dennoch war es das erklärte Ziel Chruschtschows, die USA in allen Wirtschaftszweigen zu überholen.

Die Misere der Landwirtschaft. Das Hauptproblem war, dass Kolchos-Bauern weiter als Arbeitskräfte und Sowjetbürger zweiter Klasse galten, die weder einen Pass noch Geld und damit keinerlei Anreiz für ihre Arbeit erhielten. Ihre Leistung wurde seit den 1930er Jahren in Arbeitseinheiten gemessen, für die ihnen Naturalien zustanden, die bei Nichterfüllung der Norm gekürzt wurden. Sie lebten im Wesentlichen von ihrem Hofland, auf das sie auch noch Steuern zahlen mussten. Obwohl Chruschtschow noch unter Stalin zum Schluss gekommen war, dass der Staat den Bauern dringend Geld zahlen müsse, wolle er die Bevölkerung ausreichend mit Fleisch- und Milchprodukten versorgen, schaffte auch er das System nicht ab. 1950 lag der durchschnittliche Pro-Kopf-Verbrauch an Fleisch bei 26 kg im Jahr und damit unter dem Wert von 1913. Dennoch erklärte Chruschtschow 1957, die USA bei der Produktion von Fleisch, Milch und Butter einholen zu wollen; dafür hätte es einer Verdreifachung der Mengen bedurft. Chruschtschow setzte daher auf Futtermais, dessen Anbau er bis 1960 verachtfachen wollte, was ihm in der Bevölkerung den Spitznamen «Mais-Mann» einbrachte. Zumindest senkte das Parteipräsidium sofort nach Stalins Tod die Steuerlast und Arbeitsnormen der Bauern. Obwohl die Kolchosniki nun für Getreide fast das Dreifache erhielten, deckten die ausgeschütteten Naturalien noch immer nicht die Produktionskosten. Weiter wurden unrentable kleine Kolchosen zu Großbetrieben zusammengeführt und diese nach Möglichkeit zu Sowchosen verstaatlicht, in denen die Bauern Angestellte mit allen Rechten waren. Dennoch blieben die Kolchosen die überwiegende Wirtschaftsform, weil sich die Regierung die komplette Verstaatlichung der Landwirtschaftsbetriebe nicht leisten wollte oder konnte.

Stattdessen griff die Partei unter Chruschtschow auf die utopiegeleiteten Großprojekte unter Stalin zurück und verkündete die Neuland-Kampagne, in deren Rahmen ab 1954 in Zentralasien und Westsibirien Millionen Hektar Steppe in urbares Land verwandelt wurden. Die bestehenden Kolchosen sollten modernisiert, die Anbautechnik revolutioniert und die Steppe von einer Million freiwilliger Neubauern, die oft keine Ahnung von Landwirtschaft hatten, bestellt und besiedelt werden. Nach einem ersten Erfolgsjahr 1954 folgte bereits 1955 eine große Dürre. Der sozialistische Machbarkeitsglaube in Kombination mit einer noch unter Stalin korrumpierten Genetik, die predigte, Saatgut könne Eigenschaften wie Frostresistenz «erlernen» und im Erbgut speichern, führte schnell zu Frustration und großem Verlust. Erst als man die Anbaumethode auf die sandigen Böden der Steppe umstellte, konnten die Erträge auf niedrigem Niveau stabilisiert werden.

Überforderte Kolchosen. Chruschtschow wollte außerdem auch die Kolchosbauern für den Sozialismus begeistern und in den gesellschaftlichen Umbauprozess mit einbeziehen. Dafür entließ er die Kolchosen aus der Kontrolle des Landwirtschaftsministeriums und unterstellte sie den Maschinen-Traktoren-Stationen (MTS), die die landwirtschaftlichen Fuhrparks verwalteten. Sodann entsandte er 20 000 Fachleute und Parteimitglieder, die die Bauern technisch und parteipolitisch schulen sollten. 1958 löste er dann die MTS zugunsten der Kolchosen auf, die nun selbst für Technik und Weltanschauung verantwortlich waren. Was als Maßnahme zur Stärkung der Eigenverantwortung gedacht war, verursachte Chaos und Ratlosigkeit, zumal der übertragene Fuhrpark meist vollkommen marode war. Es blieb bei kleinen, für die Bauern aber wichtigen Schritten: 1958 entfiel die Naturalsteuer für ihr Hofland, und die Kolchosen wurden von Zwangsablieferungen auf staatlichen Ankauf umgestellt. Die Versorgung der Bevölkerung mit ausreichend Lebensmitteln, allen voran Fleisch- und Milchprodukten, blieb aber ein ungelöstes Dauerproblem.

Als die Regierung zum 1. Juni 1962 die Preise für Fleisch und Butter um ein Drittel verteuerte, kam es in zahlreichen Städten zu Protestäußerungen. In Nowotscherkassk, wo kurz zuvor das Lokomotiv-Werk die Bezüge für Schwerstarbeit um zehn Prozent gesenkt hatte, riefen die Arbeiter zum Streik auf und besetzten ihr Werk. Die aus Moskau herbeigeeilten Präsidiumsmitglieder gerieten angesichts der auf das Parteigebäude zumarschierenden Massen in Panik und gaben dem Militär den Schießbefehl. An die 100 Demonstrierende wurden getötet, sieben Rädelsführer zur Todesstrafe und über 100 Streikende zu Arbeitslager verurteilt. Staat und Partei verhängten Geheimhaltung, aber griffen seit 1962 die Goldreserven an, um im Ausland Getreide zu kaufen und ein zweites Nowotscherkassk um jeden Preis zu vermeiden.

Wohlfahrtsstaat. Die Arbeiter von Nowotscherkassk waren mit dem Aufschrei «Wovon sollen wir leben?!» auf die Straße gegangen. Auch wenn sie in der Hierarchie über den Bauern standen und tatsächlich Lohn erhielten, lag dieser kaum über der Armutsgrenze. Die Partei hatte daher Mammutaufgaben vor sich, wollte sie auch nur ansatzweise einen Wohlfahrtsstaat schaffen und die Bevölkerung befrieden. So erhöhte die Führung 1955 den Mindestlohn von zehn auf 30 Rubel. Abgestuft in sechs Gruppen, erhielten 1962 Arbeiterinnen in der Leicht- und Lebensmittelindustrie durchschnittlich 81 Rubel im Monat, während Bergleute Spitzenlöhne von bis zu 230 Rubel erzielten. Ein ebenso wichtiger Schritt war die Einführung einer Mindestrente von ebenfalls 30 Rubel im Sommer 1956, die Frauen ab 55 Jahren, Männer mit 60 Jahren bekamen. Doch die Altersarmut blieb gerade bei Frauen mit über 50 Prozent sehr hoch, und das Ziel war nach wie vor, dass die Menschen ihre Rente bezogen und weiterarbeiteten. Das galt ohnehin für die Kolchosbauern, denen erst 1964 das Recht auf eine Rente zugesprochen und deren Rentenalter erst 1968 um fünf Jahre auf das gleiche Alter aller anderen Werktätigen abgesenkt wurde.

Die wohl größte Aufgabe bewältigten Staat und Partei mit dem massiven Wohnungsbauprogramm, das jeder Familie bis 1980 ihre eigenen vier Wände versprach, wie Chruschtschow ebenfalls 1956 verkündete. Bereits 1954 hatte er auf der All-Unionskonferenz der Architekten den pompösen Stalin'schen

Baustil scharf verurteilt und ein flammendes Plädoyer für den schlichten Zweckbau gehalten. Unter dem Slogan «Architekten in die Fabriken» entstand der moderne massenhafte Plattenbau aus gegossenem Beton. So wuchsen vollkommen gleichförmige Trabantenstädte, die zwar im Volksmund in Anlehnung an den russischen Begriff für «Slum» «*chruschtschoby*» genannt wurden, aber sehr attraktiv waren, versprachen sie doch ein bis zwei Zimmer, fließend Wasser, Strom und ein eigenes Bad für die Familie. Tatsächlich zog bis 1965 fast die Hälfte der Bevölkerung in eine eigene Wohnung. Auch wenn die Wohnblöcke in Quantität und Qualität hinter den Plänen zurückblieben, war ihr Entstehen eine Revolution im Privat- und Alltagsleben.

Schließlich sollte der poststalinsche Sowjetmensch auch konsumieren. Die Menschen erhielten nicht nur Wohnungen, sondern erstmals auch technische Haushaltshilfen; 1950 waren in der ganzen UdSSR nur 300 (nicht-automatische) Waschmaschinen und 1200 Kühlschränke gebaut worden. Die Produktionszahlen blieben weiterhin gering; 1960 kamen acht Fernseher auf 100 Familien. Dennoch wurde erstmals in der Partei und bei den Menschen ein Bewusstsein dafür geschaffen, ein Anrecht darauf zu haben. Zumindest verfügte jeder Haushalt über eine Nähmaschine, und als 1959 Dior nach Moskau kam, um seine Kreationen zu präsentieren, schneiderten die bald alle nach.

Teile und stifte Chaos. Nach Chruschtschows Vorstellung war nicht nur die Landwirtschaft, sondern auch die Industrie dezentral zu organisieren. Anstelle von Ministerien führte er 1957 lokale Volkswirtschaftsräte ein, allein in der RSFSR 70, die in enger Absprache mit den Betrieben die Produktion managen sollten. Aber statt mehr Autonomie brachten sie zunächst Chaos, weil die Koordination zwischen den Regionen nicht mehr gelang und vielen Betrieben die Zulieferer wegbrachen. Daher musste 1959 eilig der Wirtschaftsplan korrigiert und nun ein Siebenjahresplan (1959–1965) verabschiedet werden. 1962 erfolgte eine Teilung aller Partei- und staatlichen Verwaltungsstrukturen in einerseits Industrie- und andererseits Landwirtschaftsorgane. Diese Reform löste nicht nur alte, funktionierende Gremien auf und hinterließ viel Unmut bei den Landwirtschaftsinstitutionen, die weit weniger Mittel erhielten, sondern erwies sich letztlich als undurchführbar.

Bereits 1961 hatte Chruschtschow mit dem neuen Parteiprogramm neue Regeln für die Parteiführung vorgestellt: Bei jeder Wahl sollte ein Drittel aller Funktionäre ersetzt werden; niemand sollte länger als zwei Perioden ein Amt besetzen. Hatte Chruschtschow den Putsch 1957 überlebt, weil er eng mit den lokalen Parteigrößen vernetzt war, die das ZK-Plenum beschickten, brachte er mit den Reorganisationen nicht nur alle Minister gegen sich auf, die zugunsten der Volkswirtschaftsräte ihr Amt verloren. Mit der Verdoppelung aller Strukturen verprellte er auch die regionalen Parteiführer, die ihm überdies verübelten, dass er die Ersten Sekretäre der Republiken ab- und berief, wie es ihm gefiel.

Triumph im Weltall. Auch wenn Konsum und Wohlfahrt wie im Westen das Ziel waren, hatte die Schwerindustrie immer noch Priorität und die stärkste Lobby. Unter Chruschtschow wurden nicht nur viele der noch unter Stalin begonnenen Staudämme und Wasserkraftwerke vollendet; der 20. Parteitag beschloss auch zwei neue Großkraftwerke in Sibirien, die alles bis dahin Gebaute in den Schatten stellen sollten. Energie war immer noch Mangelware und 1957 nur jede dritte Kolchose an das Stromnetz angeschlossen. Doch auch weil es zunehmend zu Protest gegen die Umsiedlungsmaßnahmen beim Bau von Stauseen kam, wurde 1959 entschieden, in Zukunft statt auf Wasserkraft auf Heizkraftwerke zu setzen. Zudem war seit dem Krieg Öl auf dem Vormarsch, das die Sowjetunion 1958 erstmals nach Italien und damit an den kapitalistischen Westen verkaufte. Durch den sowjetischen Plan, ihr Öl über ein Pipelinenetz in den Westen zu pumpen, sah sich die NATO so bedroht, dass sie 1962 ein Röhrenembargo verhängte, das gerade die westdeutschen Zulieferer traf.

Derweil ließ die Führung die Entwicklung von Atomwaffen und Trägerraketen an geheimen Orten vorantreiben und versorgte sie weiter ungebremst mit Ressourcen. Da die Sowjetunion 1953 erst ein Dreiviertejahr nach den USA ihre erste Wasserstoffbombe zünden konnte, legte Chruschtschow viel Wert darauf, die Amerikaner zumindest bei der Raketenentwicklung zu schlagen. Unmittelbar nach dem 20. Parteitag willigte er ein, einen Flugkörper per Rakete in den Orbit zu schießen. Der «Sputnik», der im Oktober 1957 erfolgreich startete, war für Chruschtschow und die Sowjetunion ein unverhoffter Triumpf, weil er die westliche Welt schockte. Obwohl die metallene Kugel keinerlei Spionagetechnik an Bord hatte, argwöhnten die USA genau das. Vor allem war aber für alle sichtbar, dass die UdSSR den Kampf ums All vorerst gewonnen hatte. Der Triumpf und das internationale Prestige wuchsen um ein Vielfaches, als im April 1961 Juri Gagarin (1934–1968) den ersten Weltraumflug absolvierte. Zwar monierten zahlreiche Eingabenschreiber, warum der Staat nicht erst die Versorgungslage verbessere, bevor man ins All aufbreche. Aber insgesamt brachte die Raumfahrt den Zuwachs an Zustimmung und Begeisterung, um den die Partei so lange vergeblich gerungen hatte.

5. «Friedliche Koexistenz»

Der Triumpf im Weltall war für Chruschtschows Außenpolitik entscheidend. Er ließ es sich nicht nehmen, 1956 gegenüber der britischen First Lady Clarissa Eden damit zu prahlen, dass die Sowjetunion genügend Atomraketen besitze, um Großbritannien auszulöschen; dem amerikanischen Präsidenten Dwight D. Eisenhower überreichte er 1959 als Gastgeschenk ein Raketenmodell. Beides war Ausdruck der neuen Außenpolitik, die Annäherung an den Feind zu suchen, sich dabei aber als gefährlicher Gegner zu präsentieren. Außenpolitik war Neuland für Chruschtschow, der mit einem mehrfachen Minderwertigkeitskomplex startete: der Sowjetunion gegenüber den USA, seiner schlichten Herkunft gegenüber den weltläufigen Verhandlungspartnern und der Prophezeiung Stalins, der Westen werde mit seinen Nachfolgern kurzen Prozess machen. Bereits in den Grabreden zu Stalin war eine «friedliche Koexistenz» mit den USA als neue Leitlinie ausgegeben worden. Als Eisenhower daraufhin als Beweis Taten verlangte, machte sich Chruschtschow an Stalins Altlasten: 1955 entließ er Österreich in die Unabhängigkeit, stimmte der Heimkehr der japanischen und deutschen Kriegsgefangenen zu, gab die Blockade bei der Ernennung des neuen UNO-Generalsekretärs Dag Hammerskjöld auf und beendete sowohl den Koreakrieg als auch den Ersten Indochinakrieg.

Hatte Stalin das Reisen gehasst und nie sowjetisches Hoheitsgebiet verlassen, entwickelte Chruschtschow eine rege Besuchsdiplomatie, angefangen vom Gipfeltreffen in Genf 1955 über den Empfang Adenauers in Moskau im gleichen Jahr, zahlreiche Reisen in die Bruderstaaten und nach Südostasien, bis hin zu den Gipfeln in Paris 1960 und Wien 1961. Chruschtschow suchte den Austausch, aber auch die Provokation. Das teils sehr emotionale und konfrontative Zusammentreffen mit Adenauer in Moskau 1955 diente weniger der Verhandlung über die Rückkehr der Kriegsgefangenen und der Aufnahme von diplomatischen Beziehungen als der Prüfung des Gegners, ob dieser würdig sei und ihn respektiere. Chruschtschow gab die über 14 000 Gefangenen erst frei, als Adenauer mit der Abreise drohte.

Sorgenkind Deutschland. Tatsächlich galt Westdeutschland unter Adenauer als größter Widersacher, und die Angst, die USA könnten das «revanchistische» Westdeutschland, das weder die Oder-Neiße-Linie anerkannte noch zu einer Gewaltverzichtserklärung bereit war, mit Atomwaffen aufrüsten, war erheblich. Während die NATO seit 1949 bestand, gründete die Sowjetunion erst 1955 den Warschauer Pakt als Verteidigungsbündnis, als die Westalliierten der Bundesrepublik die Wiederbewaffnung erlaubten und sie in die NATO aufnahmen. Derweil blieb Ostdeutschland ein Problem, das das Präsidium von Stalin geerbt hatte. Dank des Viermächtestatus von Berlin konnten die Menschen immer noch frei von Ost nach West wechseln, und viele nutzten das zur Flucht. Unter dem Druck der DDR-Führung und angesichts der eigenen massiven Wirtschaftshilfen für die ausblutende DDR stellte Chruschtschow im November 1958 den Westalliierten ein Ultimatum, Berlin müsse zur freien Stadt erklärt werden. Zwar ließ er das Ultimatum folgenlos verstreichen, legte aber 1959 mit der Drohung nach, notfalls werde die UdSSR mit der DDR einen Separatfrieden schließen, damit Letztere die Berlin-Frage selbst lösen könne. Doch weder die Verhandlungen der Außenminister noch das Treffen mit Kennedy im Juni 1961 ließen einen Friedensvertrag oder eine einvernehmliche Regelung der Berlin-Frage näher rücken. Daher entschied das Parteipräsidium nach Konsultation mit den Bruderstaaten und unter Druck von Walter Ulbricht, am 13. August 1961 die Berliner Mauer zu errichten, um der weiteren Massenabwanderung ein Ende zu setzen. Fast wäre es daraufhin am Checkpoint Charlie am 27. Oktober zu einem militärischen Eklat gekommen, als US-Panzer auffuhren, um den freien Zugang von US-Amerikanern zum Ostteil der Stadt zu sichern, den vorwitzige DDR-Grenzer behindert hatten, während die sowjetische Seite fürchtete, die US-Panzer wollten die Grenzanlagen niederwalzen, und ebenfalls Panzer schickte. Danach schloss Chruschtschow zu Ulbrichts Missfallen keinen Separatfrieden mehr mit ihm ab; Berlin blieb in der Zuständigkeit der vier Mächte bis zum Friedensvertrag 1990.

Flirt mit dem Westen. Chruschtschow öffnete das Land nach Westen: 1955 durfte erstmals eine amerikanische Theater-Kompagnie die Gershwin-Oper «Porgy und Bess» in Leningrad aufführen, und 1957 wurde ein Staatskomitee für Kulturbeziehungen mit dem kapitalistischen Ausland gegründet. Ein Meilenstein war das Weltfestival der Jugend im Sommer 1957, zu dem 34 000 junge Menschen aus 131 Ländern für zwei Wochen nach Moskau kamen. Wesentlich entscheidender als die zahlreichen kulturellen und sportlichen Wettbewerbe waren Tausende von Ausländern auf Moskaus Straßen, mit denen man sich ungezwungen austauschen durfte. Sie brachten Jeans und Turnschuhe als neuen Kleidungsstil sowie Jazz und Rockmusik mit. Jazz war seit 1946 als degenerierte Musik des Kapitalismus verboten und erlebte 1957 mit dem Festival ein gewaltiges Comeback. Um ihn zu domestizieren und zu kontrollieren, wurde 1958 in Leningrad und bald in weiteren Städten je ein offizieller, streng reglementierter Jazz-Club gegründet. 1962 durfte sogar Benni Goodman in der Sowjetunion auftreten und unter frenetischem Jubel 32 Konzerte in sechs Hauptstädten geben. Rock 'n' Roll hingegen blieb bis zum Ende der Sowjetunion verboten. Nichtsdestotrotz brach er sich spätestens mit dem Festival 1957 auch in der Sowjetunion Bahn, allen voran «Rock around the clock», gefolgt von Elvis Presley, Bill Haley, Little Richard, den Beatles und vielen anderen. Die Tonträger wurden im Untergrund vervielfältigt und schwarz verkauft. Staat und Partei versuchten ihrerseits, den Westen mit der sowjetischen Hochkultur zu beeindrucken, und schickten sowohl Schostakowitsch als auch das Ballett des Bolschoi-Theaters mit «Schwanensee» in die USA sowie das Leningrader Kirow-Theater nach Paris und London. So überwältigend die Anerkennung durch Kritiker und Publikum waren, so schmachvoll war, dass der Startänzer des Kirow-Theaters, Rudolf Nurejew (1938–1993), in Paris überlief.

Noch ein weiteres Experiment wagte das Parteipräsidium, als es im Sommer 1959 eine Industrieausstellung der USA in Moskau zuließ, in deren Rahmen auch ein typisches amerikanisches Haus mit allen Schikanen gezeigt wurde. Während der gemeinsamen Besichtigung kam es zu einem Schlagabtausch zwischen dem angereisten US-Vizepräsidenten Richard Nixon und Chruschtschow über die Vorzüge des jeweiligen Systems: Küchenhelfer versus Kernwaffen. Die «Küchendebatte» illustrierte, dass der Kalte Krieg auf allen Ebenen stattfand und Anerkennung und Angst stets Hand in Hand gingen.

Höhen und Tiefen im Verhältnis zu den USA. Der Höhepunkt der Annäherung der beiden Atommächte war Chruschtschows zehntägige USA-Reise im September 1959. Es war der Zenit seiner Macht und internationalen Anerkennung. Zum einen hatte er damit sein Ziel erreicht, von den USA eingeladen und ebenbürtig empfangen zu werden, auch wenn er erst prüfen lassen musste, dass «Camp David» kein lausiges Lager war, in dem man ihn demütigen wollte. Zum anderen hoffte er nach dem verstrichenen Berlin-Ultimatum immer noch auf eine Lösung in der Deutschlandfrage. Aber dieser Trip war weniger ein Arbeitstreffen als eine Bildungsreise der Familie Chruschtschow quer durch die USA, die IBM, eine Schweinefarm und Hollywood besuchte und laut protestierte, als sie aus Sicherheitsgründen nicht nach Disneyland durfte. Die US-Presse feierte den extrovertierten Chruschtschow wie einen Filmstar, auch wenn dieser nach dem Roadtrip verkündete, der PKW sei nichts für den Sowjetmenschen; der fahre lieber Bus und Bahn.

So verheißungsvoll sich das US-sowjetische Verhältnis 1959 entwickelt hatte, so katastrophal endete es 1960. Am 1. Mai gelang es der Roten Armee, ein U2-Spionageflugzeug über der Sowjetunion abzuschießen. Chruschtschow war außer sich, als Präsident Eisenhower die volle Verantwortung für die Aufklärungsflüge über- und damit ihm die Möglichkeit nahm, dem Parteipräsidium die Annäherung an die USA als erfolgreiche Vertrauensarbeit zu verkaufen. Als Eisenhower kurz darauf in Paris eine Entschuldigung verweigerte, ließ Chruschtschow den Gipfel wutentbrannt platzen und zog die Einladung an Eisenhower in die Sowjetunion unter groben Beschimpfungen zurück. Ein Husarenstück war es, dass er sich entschloss, im September 1960 ohne Einladung in die USA zur UNO-Vollversammlung nach New York zu reisen. Doch statt eines neuen Triumpfes erreichte er nur internationales Gespött, als er in Rage mit dem Schuh auf sein Pult schlug, weil sein Vorredner die Sowjetunion als Unterdrückerstaat bezeichnet hatte. Danach setzte er große Hoffnung in John F. Kennedy, den er nur ein halbes Jahr nach dessen Amtsantritt im Juni 1961 in Wien traf. Doch weder fanden sie eine persönliche Gesprächsebene, noch erzielten sie eine Annäherung in den Sachfragen.

Die Kuba-Krise. Der Gipfel in Wien fand unter veränderten Vorzeichen statt: 1960 hatten sich allein 17 afrikanische Staaten für unabhängig erklärt, um die die USA und die Sowjetunion nun gleichermaßen buhlten. Im April 1961 war die von US-Truppen unterstützte Invasion in der Schweinebucht in Kuba, das die

Sowjetunion unterstützte, misslungen. Der Kalte Krieg weitete sich damit zunehmend in den globalen Süden aus: Die Großmächte eiferten darum, wer ihr Staatsmodell und ihre Glaubenssätze übernahm, während für die jungen Staaten in erster Linie die Investitionen zählten. Die Sowjetregierung hoffte, bei den frisch entkolonialisierten Ländern damit zu punkten, dass sie sich einst selbst aus der Unterjochung befreit und nicht mit den Kolonialmächten kooperiert hatte. Doch die Idee, mit Indonesien in Asien und Guinea in Afrika Modellstaaten für die sowjetische Zivilisation zu schaffen, scheiterte kläglich an der mangelnden Kooperation der jeweiligen Herrscher, die aber gern Geld, Waffen und Getreide nahmen.

Wesentlich erfolgreicher war dagegen die Zusammenarbeit mit Kuba unter Fidel Castro, der nach der misslungenen amerikanischen Invasion um militärische Hilfe bat. Ab Juli 1962 verschiffte die Sowjetunion Raketen nach Kuba. Aus Sicht Moskaus zogen sie so mit den USA gleich. Denn diese hatten in der Türkei Mittelstreckenraketen aufgestellt, die die Sowjetunion erreichen konnten. Als die USA die Raketenstationen im Oktober entdeckten, führte das zur größten Krise des Kalten Kriegs und am 27. Oktober an den Rand eines Dritten Weltkriegs, als ein US-Zerstörer ein sowjetisches U-Boot zum Auftauchen zwang und gleichzeitig eine amerikanische U2 über Kuba von einer sowjetischen Flugabwehrrakete abgeschossen wurde. Mittels Geheimdiplomatie einigten sich beide Seiten in letzter Minute auf einen vollständigen gegenseitigen Abzug der Raketen aus Kuba und der Türkei und die Einrichtung einer direkten Leitung zwischen Moskau und Washington für Krisenfälle. Damit etablierten Chruschtschow und Kennedy zwei Grundsätze des Kalten Kriegs: die direkte militärische Konfrontation zu vermeiden und im Krisenfall geheime Kanäle zu nutzen. Die Kuba-Krise war zudem ausschlaggebend für das Atomtest-Stopp-Abkommen, das sie ein Jahr später unterzeichneten.

Die Absetzung Chruschtschows. Das Debakel der Kuba-Krise und die dramatischen Versorgungsprobleme waren nur zwei Anklagepunkte von vielen, die das ZK am 14. Oktober 1964 gegen Chruschtschow vorbrachte. Entscheidend für seine Absetzung war seine «Umstrukturierungswut», bei der er keine Rücksicht auf seine Klientel nahm, die ihn 1957 gerettet hatte. Seit Anfang 1964 liefen die Absprachen im ZK, Chruschtschow abzusetzen, dessen Eigenmächtigkeiten und Schimpftiraden inzwischen alle in Moskau und den Regionen gleichermaßen fürchteten. Als er im Herbst verkündete, er werde demnächst auch das Parteipräsidium zerschlagen, das nur noch einen «Haufen alter Männer» repräsentiere, schritten diese zur Tat: Sie setzten ihm eine Rente fest und schickten ihn nach Hause.

IV. Die Supermacht (1964–1985)

Unter Breschnew (1964–1982) erlebte die Sowjetunion ihren Zenit: die Partei befriedet, die Bevölkerung saturiert, die Wirtschaft reformiert, das Land international als Supermacht respektiert. Auch wenn Gorbatschow diese Zeit später als «Stagnation» diskreditierte, stand zumindest das erste Jahrzehnt für Stabilisierung, nach der sich die einfachen Menschen wie die Funktionäre sehnten. Breschnew erkannte das, als er als Leitlinie ausgab, nach Terror und Mord unter Stalin sowie Willkür und Chaos unter Chruschtschow sollten unter ihm die Sowjetmenschen in Ruhe und Frieden arbeiten können. Sein angebliches Manko, ein grauer Langweiler ohne Charisma und Vision zu sein, war in Wahrheit seine Stärke und sein Programm, im Land den Lebensstandard zu erhöhen und es nach außen in eine stabile Kooperation mit dem Westen zu führen. Anders als Chruschtschow musste er sich nicht mehr am Westen abarbeiten und diesen, auch durch unpassende Kleidung, provozieren, sondern trat ihm selbstsicher und gut gekleidet entgegen.

Leonid Breschnew (1906–1982) war wie Chruschtschow als Sohn russischer Arbeiter in der Ukraine geboren, hatte aber im Gegensatz zu Letzterem eine weiterführende Schule besucht, in den 1920er Jahren eine Ausbildung zum Landvermesser absolviert und 1935 ein Ingenieursstudium abgeschlossen. Anders als Stalin und Chruschtschow war er kein Bolschewik von jungen Jahren an, sondern hatte sich immer mehr für die Schauspielkunst und das gute Leben als für die Partei interessiert. Erst der Große Terror katapultierte ihn 1937 in die Parteilaufbahn und 1938 als Parteisekretär nach Dnepropetrowsk (heute: Dnipro). Als Protegé Chruschtschows baute er nach dem Krieg u. a. Dnepropetrowsk wieder auf, bevor er 1950–1953 Moldawien sowjetisierte und 1954–1956 Kasachstan samt Neulandkampagne managte. Seit 1956 war er Chruschtschows rechte Hand in Moskau, beaufsichtigte für ihn die Raketenentwicklung und übernahm 1960 das Amt des Vorsitzenden des Obersten Sowjets, des höchsten Staatsrepräsentanten. Doch Chruschtschow beleidigte auch Breschnew und nahm ihm unter bösartigen Frotzeleien im Sommer 1964 das Amt des Präsidenten. Da organisierte Breschnew schon längst das Komplott gegen Chruschtschow.

1. «Kollektive Führung» unter Breschnew

Nach Chruschtschows Alleingängen und selbstherrlichen Allüren bestimmte das Parteipräsidium (erneut), es solle eine kollektive Führung geben. Zudem sollten das Amt des Parteiführers und des Regierungschefs nie wieder wie unter Stalin und Chruschtschow von einer Person ausgeübt werden. Also wurde Breschnew zum Ersten Sekretär der KPdSU, Aleksei Kossygin (1904–1980) zum Ministerratsvorsitzenden und Nikolai Podgorny (1903–1983) zum Vorsitzenden des Präsidiums des Obersten Sowjets bestimmt. Es folgte die Rücknahme aller ungeliebten Reformen Chruschtschows: Die Zweiteilung aller Gremien wurde revidiert und die Volkswirtschaftsräte wurden zugunsten von Ministerien wieder aufgelöst. Der 23. Parteitag 1966 machte auch einige der Stalin'schen Reformen von 1952 rückgängig: Der erste Sekretär hieß nun wieder Generalsekretär, das Parteipräsidium wieder Politbüro.

Breschnews Widersacher, die gern einen Hardliner im Amt gesehen hätten, ätzten später, er sei «durch Zufall» Parteivorsitzender geworden und es «durch Unfall» geblieben. Dabei war

Breschnew nicht nur formal als zweiter Mann in der Partei hinter Chruschtschow für dieses Amt prädestiniert; seine Persönlichkeit schien den anderen Parteiführern auch ein Garant dafür, dass er sich weder wie Stalin zum Henker entwickeln noch wie Chruschtschow als Hitzkopf erweisen würde. Sie charakterisierten ihn als ausgeglichen, freundlich, zugewandt, als jemanden, der gut zuhören konnte, der auch zugab, etwas nicht zu wissen und Lenin nicht gelesen zu haben. In keinem Fall war er ein Stalinist; dafür hatte er selbst zu sehr unter Stalin gelitten. Aber er sprach sich dezidiert für den Ausgleich aus: Weder sollte Stalin rehabilitiert, noch weiter der Schmutz der Geschichte zutage gefördert werden.

Vertrauen und Fürsorge. Ausgleich war auch zentral für Breschnews Führungsstil: Nach dem Putsch von 1957, den er selbst mit vereitelt hatte, und dem von 1964, den er angeführt hatte, war seine oberste Sorge, nicht selbst weggeputscht zu werden. Um seine Genossen zu befrieden, rief er auf dem 23. Parteitag 1966 «Vertrauen in die Kader» und «Kaderstabilität» als Leitlinie seiner Politik aus. Jeder sollte auf seinem Posten sicher sein und weder fürchten müssen, als «Volksfeind» entlarvt noch aus einer Laune heraus versetzt zu werden. Diese Wiederherstellung der Unschuldsvermutung war eine kleine Kulturrevolution und sorgte tatsächlich für lange, oft lebenslange Dienstzeiten unter Breschnew; die Kehrseite war die Vergreisung der Führungsebene. Als weitere vertrauensbildende Maßnahme reaktivierte Breschnew die Redaktionskommissionen im ZK, bei denen bis zu 70 Parteiführer gemeinsam an Parteiresolutionen arbeiteten. Auch seine Reden schrieb er kollektiv im großen Kreis und legte sie den anderen Politbüromitgliedern zur Korrektur vor. Er begann nicht nur alle seine Einlassungen mit den Worten: «Wir haben uns im Politbüro ausgetauscht und sind zu folgendem Ergebnis gekommen», er konnte mit Fug und Recht erklären, dass er alle angehört hatte. Umgekehrt konnte niemand im Führungskreis behaupten, er sei übergangen worden. Schließlich verfuhr er auch so bei Absetzungen: Er achtete darauf, dass stets die Mehrheit und möglichst der Betroffene selbst aus Parteidisziplin für die Absetzung stimmten. Aus Chruschtschows Fehler hatte er gelernt, dies nie mit Schimpf und Schande, sondern mit Fürsorge und einem «goldenen Handschlag» in Form von materiellen Leistungen oder einem attraktiven Posten zu flankieren. So entmachtete er nacheinander alle seine Mitverschwörer. Seinen größten Rivalen, Alexander Schelepin (1918–1994), den wohl einige gern an Breschnews Stelle gesehen hätten, degradierte er 1965 vom mächtigen ZK-Sekretär zum zahnlosen Gewerkschaftsvorsitzenden; den nicht minder ambitionierten KGB-Vorsitzenden Wladimir Semitschastny (1924–2001) schob er 1967 in die Ukraine ab, um ihn durch Juri Andropow (1914–1984) zu ersetzen; wen er wie Premier Kossygin nicht entmachten konnte, umringte er mit seinen Gefolgsleuten aus Dnepropetrowsk. Um das von ihm so geliebte Amt des Präsidenten wieder zu erlangen und gleichzeitig den Mitverschwörer Podgorny loszuwerden, reaktivierte er 1977 Chruschtschows Verfassungsreform. Sie schrieb nicht nur die Richtlinienkompetenz der Partei gegenüber der Regierung fest, sondern stärkte auch die Rolle des Vorsitzenden des Präsidiums des Obersten Sowjets, zu dem sich Breschnew sofort anstelle Podgornys wählen ließ.

Internationalismus und Loyalität. Die neue Verfassung von 1977 sah auch die Abschaffung der nationalen Sprachen als offizielle Amtssprachen in den Republiken vor. Nur die Kaukasusrepubliken konnten ihre Landessprachen als offizielles Idiom neben dem Russischen verteidigen. Es ist bezeichnend, dass das Politbüro in Moskau von der Vehemenz des Protests überrascht war, glaubten doch die meisten slawischen Parteiführer an den Internationalismus der russischen Sowjetkultur, der alle nationalen Unterschiede nivellierte. Die Nationalitätenfrage galt als gelöst, und Breschnew hatte genauso wenig ein Gespür für ethnisch-kulturelle Belange wie Chruschtschow. Da beide aus der Ukraine stammten, dort lange Jahre Parteiführer gewesen waren, Breschnew sogar mitunter Ukrainisch als Muttersprache angab und insgesamt fünf Jahre über Moldawien und Kasachstan geherrscht hatte, glaubten sie, alle Probleme zu kennen und auch für diese Republiken sprechen zu können. Gemäß ihrer ideologischen Eichung konnte es nur Fragen geben, die mit allgemeinen Entwicklungsprogrammen in Bildung, Infrastruktur, Landwirtschaft und Industrie zu beheben waren. In Moskau war ohnehin nur relevant, was unmittelbar ihre Machtstellung betraf. Breschnew machte es sich daher zur Regel, sich nur um die Parteiführer der Republiken und großen Gebiete zu kümmern, von denen er absolute Loyalität forderte. Dafür überließ er es ihnen, wie sie ihre Republik oder Region führten, ganz gleich, ob sie ihre Macht auf traditionellen Familien aufbauten und alle Posten mit Clanangehörigen besetzten, wie Gaidar Alijew in Aserbaidschan (1923–2003), oder für Schmuggel und Unterschlagung im großen Stil missbrauchten, wie Sergei Medunow (1915–1999) im südrussischen Krasnodar. Um sich ihrer Gefolgschaft zu versichern, führte Breschnew regelmäßig Telefonate mit ihnen oder lud sie zu sich nach Hause ein, um sich nach ihrem persönlichen Ergehen genauso wie nach den politischen und wirtschaftlichen Sorgen ihrer Region zu erkundigen.

«Nationalismus» und Illoyalität. Gerade weil der massive Austausch von Republikführern um das Jahr 1960 herum Chruschtschow das Amt gekostet hatte, griff Breschnew nur da ins Personalgefüge ein, wo es ihm unbedingt nötig erschien. Vier von Chruschtschows Umbesetzungen in Kasachstan, Weißrussland, Lettland und Armenien machte er sofort wieder rückgängig. Fünf weitere Wechsel nahm er um das Jahr 1970 herum vor: 1969 tauschte er die Leitung in Turkmenistan und brachte in Aserbaidschan Alijew ins Amt; 1972 inthronisierte er in Georgien den späteren Außenminister Eduard Schewardnadse (1928–2014). Die Geschassten waren Männer Chruschtschows oder zu eigenmächtige Patrone eigener Klientelsysteme, aber die offiziellen Anschuldigungen lauteten auf Korruption (Aserbaidschan und Georgien) oder «Nationalismus». Beides traf auch auf den armenischen Parteichef Anton Kotschinjan (1913–1990) zu, der 1974 gehen musste, weil er wiederholt die Rückgabe von Bergkarabach gefordert hatte. Nationalismus lautete auch der offizielle Vorwurf gegen den Ukrainer Pjotr Schelest (1908–1996), den Breschnew v.a. als mächtigen Mitverschwörer gegen Chruschtschow fürchtete und der 1972 Platz für Breschnews Freund und potentiellen Nachfolger Wladimir Scherbitzki (1918–1990) machen musste. Schelest hatte ukrainische Wissenschaftler, die Moskaus Wirtschaftspolitik kritisierten, sowie Schriftsteller, die nationale Themen diskutierten, geschützt. Weil mit seiner Abberufung an die hundert ukrainische «Nationalisten» verhaftet wurden und sein Nachfolger einen Großteil der Entourage Schelests entließ, wird heute das Jahr 1972 in der Ukraine zu einem «Pogrom» aufgebauscht. Aber auch in Georgien ließ Schewardnadse nach dem Machtwechsel nicht nur die Funktionäre austauschen, sondern Tausende verhaften und entlassen. Spätestens danach bildeten sich in allen Republiken stabile Führungskreise heraus, die bis zur Perestroika im Amt blieben.

Ebenso entwickelten sich nach 1953 trotz der Dominanz des Russischen und der Zentralisierung der Kultuspolitik dank einer konsequenten Förderung von akademischer Bildung in allen Republiken neue nationale Eliten. Gab es in ganz Zentralasien Ende der 1930er Jahre nur drei Universitäten, bauten nach dem Krieg alle Republiken mehrere eigene Universitäten, eigene Akademien der Wissenschaften und Lehrerbildungsinstitute auf. Unter der Vorgabe «national in der Form, sozialistisch im Inhalt» schufen deren Absolventinnen und Absolventen landessprachliche Literaturen, Fachzeitschriften sowie eigene nationale Narrative und Heldengeschichten. In den muslimisch geprägten Gebieten lebten traditionelle Bräuche und die Geschlechtertrennung im Privaten wieder auf. In Zentralasien wurden die Kolchosen zu Orten der traditionellen Familienordnung. Hier verfestigte sich die Auffassung, dass nur ein traditionell lebender Muslim ein guter Sowjetbürger sein könne. Letztlich ließ das Politbüro unter Breschnew nationale Kultur und Geschichte in dem Maße zu, wie sie sich in die allgemeine Erzählung integrierte und die sowjetische Identität stärkte. Auch die antireligiöse Hetze hatte ein Ende. Seit den 1970er Jahren konnten historische Monumente wie Sakralbauten und Friedhöfe saniert, aber auch neu errichtet werden, wie das Denkmal in Babij Jar 1976.

2. Zwischen Stabilität und Stagnation

Bauern zu Bürgern. Wie Chruschtschow widmete sich auch Breschnew noch vor der Wirtschaft dem Agrarsektor, dessen Produktivität nur bei 20 Prozent des Ertrags der USA lag. Noch immer lebten 40 Prozent der Bevölkerung als Menschen zweiter Klasse ohne das Recht auf Freizügigkeit auf dem Land, obwohl die Landbevölkerung rapide schrumpfte. Noch immer gab es dort keine nennenswerte Infrastruktur, oft nicht einmal einen Dorfladen, geschweige denn kulturelle Angebote. Hatte Chruschtschow in der Entlohnung der Bauern ein volkswirtschaftliches Problem gesehen, war es für Breschnew eine gesellschaftspolitische Frage der «sowjetischen Demokratie», die Landbevölkerung endlich mit den Städtern gleichzustellen. Es war eine Zäsur, als das ZK im März 1965 beschloss, künftig ausreichend Geld für eine kostendeckende Agrarproduktion und ausreichende Löhne der Kolchosbauern bereitzustellen. Tatsächlich stellte die Regierung von nun an Milliardenbeträge zur Verfügung, um die Landwirtschaft zu konsolidieren. Allerdings erfolgte die Anpassung an das niedrigere Rentenalter der Arbeiterinnen (55 Jahre) und der Arbeiter (60 Jahre) erst 1968, das Recht auf Freizügigkeit erhielten Bauern erst 1975. 1980 lag der durchschnittliche Monatslohn eines Kolchosarbeiters mit 116 Rubel weit unter den 170 Rubel, die ein Arbeiter im Durchschnitt verdiente. Dennoch verkündete Breschnew 1978, dass endlich die sowjetischen Bauern aus Armut und Ausbeutung befreit und in den Sozialismus integriert worden seien.

Trotz immenser Investitionen in die Düngemittelindustrie und die Mechanisierung der Landwirtschaft blieben die Ergebnisse karg. Ein Kolchosvorsitzender erklärte, hätten sie früher nichts geleistet, weil es keine Anreize gegeben habe, arbeiteten sie nun nicht, weil sie ohnehin entlohnt würden. Zwar stieg der jährliche Pro-Kopf-Konsum an Fleisch von 1965 49 kg bis 1977 auf 57 kg, aber das Ziel von 80 kg wurde nie erreicht: 1990 waren es nur 70 kg. Obwohl es mehr Vieh pro Einwohner als in der DDR oder den USA gab, gelangten pro Schlachttier nur 117 kg Fleisch zum Verbraucher gegenüber 198 kg in der DDR und 214 kg in den USA. Die Sowjetmenschen aßen doppelt so viele Kohlehydrate, aber nur halb so viel Eiweiß wie die US-Amerikaner. Als Breschnew 1978 Gorbatschow ins Politbüro holte, beschwor er ihn: «Kümmere dich ums Fleisch. Das ist deine Hauptaufgabe.» Galt die erste Dekade unter Breschnew als «satte Zeit», wurden ab Mitte der 1970er-Jahre die Schlangen vor den Lebensmittelläden wieder länger.

«Kossygin'sche Reformen». Die gewaltigen Ressourcen, die unter Breschnew in die Landwirtschaft flossen, sorgten Mitte der 1970er Jahre in der Planungsbehörde und den Wirtschaftsministerien für Unmut, die unverhohlen äußerten, die allgemeine Wirtschaftsmisere sei nur auf die übermäßigen Subventionen für die Kolchosen zurückzuführen. Dass auch die Industrie nur die Hälfte der Produktivität der USA erreichte und das Wachstum von 6,5 Prozent 1960 auf 4,6 Prozent 1965 gesunken war, blieb im ZK kein Geheimnis. Ein halbes Jahr nach der großen Landwirtschaftsreform verabschiedete es daher im September 1965 die sogenannten Kossygin'schen Reformen, die nicht weniger als eine «zweite industrielle Revolution» bewirken sollten: Die sowjetische Wirtschaft sollte von einer extensiven auf eine intensive Ressourcennutzung umgestellt werden: Statt immer mehr Geld, Rohstoffe und Arbeitskräfte zu verschlingen, sollte mit den vorhandenen Mitteln mehr produziert werden. Die Betriebe wurden auf Kostendeckung umgestellt: Einerseits sollten die staatlich festgelegten Preise die Kosten der Unternehmen decken; andererseits sollten die Unternehmen mit den bereitgestellten Ressourcen auskommen und nicht ständig mehr verlangen. Dafür sollten die Direktoren künftig selbst entscheiden können, wie sie die zugewiesenen Mittel auf Investitionen, Löhne und materielle Anreize verteilten. Die Pläne sollten künftig die Direktoren gemeinsam mit der Zentralbehörde Gosplan erarbeiten, um sowohl die Kapazitäten vor Ort als auch den Bedarf der Zentrale zu berücksichtigen. Damit traten an die Stelle der unter Chruschtschow eingeführten lokalen Volkswirtschaftsräte einerseits mehr «Eigeninitiative» und «Verantwortungsgefühl» der Wirtschaftsführer und andererseits neue Branchenministerien. Die Hoffnung war, so nicht nur den Plan zu erfüllen, sondern auch qualitativ hochwertige Waren zu produzieren, die nicht nur die eigene Bevölkerung erfreuten, sondern auch für den Export konkurrenzfähig waren, der sich bislang auf Rohstoffe beschränkte. Obwohl die Reform als drittgrößte nach der NÖP und dem ersten Fünfjahrplan galt, blieb sie weit hinter den Erwartungen zurück. Betriebe konnten zwar jetzt selbst über ihr Kapital verfügen, aber die zugewiesenen Mittel und die Preise für ihre Produkte diktierte Gosplan. Große Summen flossen nicht wie erhofft in Investitionen, sondern in Gehälter und Boni. Die jährlich im ZK angeprangerten Missstände blieben gleich: Teuer importierte Technik verrottete unmontiert, Fabriken gingen so spät in Betrieb, dass ihre Produktion schon veraltet war, fertige Produktionsstraßen wiesen so viele Mängel auf, dass sie gleich in Reparatur gehen mussten, Ministerien kauften Ware für Devisen im Ausland, obwohl sie eine Lizenz für ihre Produktion hatten. Rohstoffe blieben die zentrale Exportware.

«Kleiner Deal». Die Wirtschaft sollte nicht nur insgesamt effizienter produzieren, sondern auch die in der Sowjetunion stets vernachlässigte Konsumgüterindustrie von 36 auf 46 Prozent des Wirtschaftsvolumens ausgebaut werden. Als Breschnew 1982 starb, hatten von 100 Familien immerhin 92 einen Fernseher, 89 einen Kühlschrank und 70 eine Waschmaschine. Die Wohlfahrt der Bevölkerung stand seine gesamte Amtszeit über an erster Stelle. 1968 verdoppelte die Regierung den Mindestlohn von 30 auf 60 Rubel, führte die Fünf-Tage-Woche ein, erhöhte den Urlaubsanspruch von zwölf auf 15 Tage und gewährte Arbeitern im hohen Norden und fernen Osten großzügige Zuschläge. Es folgten Stipendienprogramme für Studierende und ein einjähriger Mutterschaftsurlaub. Die Wohnungsbauprogramme, die Chruschtschow aufgelegt hatte, liefen ohne Einschränkung weiter: Bis 1980 verdoppelte sich der

Anteil der Stadtbevölkerung, die in einer eigenen Wohnung lebten, auf 80 Prozent gegenüber 40 Prozent 1960. Bei den Grundbedürfnissen sollte es nicht bleiben: Hatte Chruschtschow befunden, der Sowjetmensch fahre Bus und Bahn, verkündete Breschnew, jede junge Frau solle als Mitgift ein Auto bekommen. Dafür schloss Kossygin 1966 ein Abkommen mit der Firma Fiat über den Bau eines Autowerks in der Stadt Togliatti an der Wolga, das ab 1970, als allein in Moskau 30000 Menschen auf ein Auto warteten, 600000 Ladas jährlich herstellen sollte. Die PKW-Dichte blieb dennoch gering: 1977 kamen 20 Wagen auf 1000 Einwohner, während es in der DDR 206 und in der BRD 500 waren. Auch wenn es mehrere Jahre Wartezeit und 20 Monatslöhne kostete, veränderte das Auto das soziale und kulturelle Leben der Sowjetmenschen: Mit ihm konnten sie auf die Datscha fahren, Defizitprodukten hinterherjagen, schwarze Taxifahrten anbieten oder zum wilden Campen ans Schwarze Meer fahren, denn offizielle Ferienwohnheimplätze gab es viel zu wenige. Um diesen «kleinen Deal» mit der Bevölkerung, politisches Stillhalten gegen materielle Versorgung, ideologisch zu rechtfertigen, ließ Breschnew das Stadium des «entwickelten Sozialismus» erfinden, in dem die Sowjetmenschen das Recht hätten, besser zu leben. Damit nahm er das von Chruschtschow gegebene Versprechen, bis 1980 den Kommunismus zu erreichen, zurück. Stattdessen erklärte er 1978 die Anhebung des Lebensstandards zur Generallinie der Partei und damit zur für alle verbindlichen Richtschnur.

Devisenquelle Export. Da die Sowjetunion seit 1962 kontinuierlich im Ausland Getreide und zunehmend auch Konsumgüter im großen Stil einkaufte, brauchte sie Devisen, die sie hauptsächlich über den Export von Rohstoffen bekam. Im gleichen Jahr wurden die ersten riesigen Gasvorkommen in Sibirien entdeckt, so dass die Sowjetunion 1967 stolz der Welt verkündete, über die größten Gasvorkommen der Erde zu verfügen und damit alle beliefern zu wollen. Dank der 1967 fertiggestellten Pipeline «Bruderschaft», an deren Bau sich neben anderen Bruderstaaten auch die DDR beteiligen musste, konnte Österreich bereits im Herbst 1968 das erste «rote Gas» erhalten. Es folgten Abschlüsse mit Westdeutschland 1970 sowie Italien 1971 und Frankreich 1972. All diese Verträge waren Tauschgeschäfte, bei denen die Sowjetunion die für den Pipelinebau dringend benötigten Stahlrohre auf Kredit erhielt, den sie später mit der Gaslieferung abbezahlte. Obwohl die UdSSR angekündigt hatte, Gas aus Sibirien über eine 5000 km lange Pipeline nach Europa zu pumpen, die aber noch gebaut werden musste, belieferte sie zunächst alle Vertragspartner aus ukrainischen Gasfeldern. Weil die Sowjetregierung auf keinen Fall als vertragsbrüchig dastehen wollte, drehte sie in den ersten Jahren der eigenen Bevölkerung in der Ukraine, Weißrussland und im Baltikum den Gashahn ab, die bitterkalte Winter in ungeheizten Wohnungen erlebte. Damit 1973 das erste sowjetische Gas nach Westdeutschland fließen konnte, wurde auch die Belieferung der DDR gedrosselt, während Breschnew in Bonn und Washington immer noch für eine gemeinsame Erschließung der Gasfelder in Sibirien warb. Tatsächlich ließen die Ölkrise 1973/74 und der Ausfall Irans als Gaslieferant durch die dortige Revolution 1978/79 das sibirische Gas immer attraktiver werden. Doch als sich ein europäisches Konsortium fand, um Röhren und Technik zu liefern, verhängte der US-Präsident Ronald Reagan 1982 ein Embargo, das die Europäer jedoch ignorierten. Die Pipeline auf die Yamal-Halbinsel, von der Russland bis heute sein Gas liefert, konnte 1983 in Betrieb gehen. Obwohl es der Westen stets fürchtete, setzte die Sowjetunion zu keinem Zeitpunkt Gas als Druckmittel ein. Angesichts der großen Summen, die die Sowjetunion in den 1970er Jahren aus dem Gas- und Ölexport erhielt, und der unendlich erscheinenden Energiereserven entstand in der Sowjetunion anders als in den kapitalistischen Ländern kaum Druck, die Industrie zu modernisieren und den Übergang von der Schwerindustrie zur Computertechnologie einzuleiten. Der Ressourcenreichtum gilt damit als ein Grund für den wirtschaftlichen Verfall.

3. Ideologische Neujustierung

Großbaustellen und Großer Vaterländischer Krieg. Zwar versprach Breschnew der Bevölkerung ein ruhiges Leben in Wohlstand, das bedeutete aber keine grundsätzliche Abkehr von Propaganda- und Mobilisierungskampagnen. Das betraf v.a. die Großbaustellen in Togliatti an der Wolga und Nabereschnyje Tschelny in Tatarstan; Letzteres entstand ab 1969 als «Stadt der Zukunft» und lieferte ab 1976 die ersten LKWs KamAS. Für Pioniergeist, Jugendlichkeit und Moderne pries die Propaganda auch den Bau der Baikal-Amur-Magistrale (BAM), der 1974, zur Feier von 20 Jahren Neulandkampagne, startete. Die Medien priesen die Baustelle im Fernen Osten als Schmelztiegel der sowjetischen «Nation». Doch während Togliatti und Nabereschnyje Tschelny mit attraktiven urbanen Infrastrukturen und Wohnungen für junge Familien lockten, zog die BAM vor allem Saisonarbeiter auf der Suche nach dem schnellen Geld an. Statt einer sowjetischen Gemeinschaft entstanden national aufgeladene Konflikte; Schlägereien und Vergewaltigungen waren ein Dauerproblem.

Ohnehin war es schwierig, nach dem Stalin'schen Terror an den Enthusiasmus der 1930er Jahre anzuknüpfen und die Verwirklichung von Utopien zu beschwören, die sich längst hätten realisieren sollen. Auch wenn die Partei 1967 mit viel Aufwand – und massenhaft im Ausland eingekauften Zitrusfrüchten und Trikotagen – 50 Jahre Oktoberrevolution feiern ließ, gab es kaum noch jemanden, der dabei gewesen war. Ganz anders verhielt es sich mit dem Zweiten Weltkrieg, den jede Familie durchlitten hatte. Allen Unkenrufen zum Trotz war die Sowjetunion im Krieg nicht zusammengebrochen, sondern aus ihm gestärkt hervorgegangen als Siegermacht und Befreierin Europas. Folgerichtig machte die Partei den Großen Vaterländischen Krieg zum zweiten Gründungsmythos der Sowjetunion. Anders als unter Stalin stand nicht mehr «der Führer» im Mittelpunkt des Kultes, und anders als unter Chruschtschow ging es nicht um die Aufarbeitung der Fehlentscheidungen, sondern um die Heldentaten des einfachen Soldaten – nicht der einfachen Soldatin: Obwohl bis zu eine Million Frauen im Krieg gekämpft hatten, blieben sie ein Tabu. Die Regierung erklärte 1965 den 9. Mai erstmals zum arbeitsfreien Tag und verlieh sieben Städten den Titel «Heldenstadt»; sechs weitere sollten bis 1985 folgen. Überall im Land wurden «Gräber des unbekannten Soldaten» eingeweiht, an denen bis heute Ehrengarden stehen und Brautpaare ihre Blumen ablegen. Zahlreiche Museen und Dioramen heroischer Schlachtszenen folgten ebenso wie monumentale Skulpturen, etwa 1967 die 85 Meter große Statue der «Mutter Heimat ruft» in Wolgograd (bis 1961 Stalingrad). Der Weltkriegskult traf den Nerv der Sowjetmenschen, zumal er mit höheren Sozialleistungen für Veteranen einherging, hatte aber zwei Geburtsfehler: Er funktionierte auch ohne die Partei, und er bot keine Zukunftsvision.

Verfolgung der Andersdenkenden. Etwa zur gleichen Zeit, als die neue Führung den Weltkriegskult etablierte, begannen die Intellektuellen zu fürchten, es drohe eine Restalinisierung. Im Hebst 1965 verhaftete der KGB die Schriftsteller Andrei Sinjawski (1925–1997) und Juli Daniel (1925–1988), die Satiren auf die Sowjetunion im Ausland publiziert hatten. Als die Parteiführung im Februar 1966 einen Schauprozess inszenierte und sie zu mehrjähriger Lagerhaft verurteilen ließ, führte das zu Entsetzen, aber auch Protest im Milieu der Akademikerinnen und Akademiker, die die Freiheiten unter Chruschtschow schwinden sahen und nicht mehr wie unter Stalin schweigen wollten. Sofort forderten 25 Intellektuelle in einem Brief an Breschnew, keinesfalls Stalin zu rehabilitieren. So begann die Bewegung der Dissidentinnen und Dissidenten, die sich selbst «Unterzeichner» nannten, weil sie für ihren Protest bewusst Formen wählten, die weder nach sowjetischem Recht strafbar noch öffentlich sichtbar waren. Ausnahmen waren die Schweigedemonstration am Tag der Verfassung, dem 5. Dezember 1966, und der Protest von acht Unerschrockenen auf dem Roten Platz gegen den Einmarsch in Prag im August 1968. Meist aber schrieben sie Eingaben an die Partei- und Staatsführung, in denen sie z. B. den 1966 eingeführten Strafrechtsparagraphen verurteilten, der die

«Verunglimpfung des sowjetischen Staats- und Gesellschaftssystems» unter Strafe stellte. Ihre Aufrufe, Zeitschriften und Novellen fertigten sie mit der Schreibmaschine als Samisdat, den sie selbst verteilten oder außer Landes schmuggelten, wo er professionell im Auslandsverlag (Tamisdat) verlegt wurde. Solschenizyn erhielt für seine im Samisdat erschienenen Romane 1970 den Literaturnobelpreis und wurde 1974 wegen seines im Tamisdat publizierten Werks «Archipel Gulag» ausgewiesen. Das berühmte Manifest des Vaters der sowjetischen Wasserstoffbombe, Andrei Sacharow (1921–1989), «Gedanken über den Fortschritt, die friedliche Koexistenz und die geistige Freiheit», kursierte 1968 im Samisdat, bevor es im Ausland veröffentlicht wurde und er für seinen furchtlosen Einsatz für Menschenrechte 1975 den Friedensnobelpreis erhielt. In den 1970er Jahren gründeten sich nicht nur zahlreiche Menschenrechtsgruppen, sondern auch viele andere Gruppierungen: Ukrainer, Balten, Georgier und Armenier, die für nationale Selbstbestimmung eintraten, Krimtartaren, die ein Rückkehrrecht verlangten, Deutsche und Juden, die ihre Ausreise forderten, und diverse religiöse Gruppen, die ihren Glauben leben wollten. Der KGB richtete daher 1967 eine eigene Abteilung zum Kampf gegen kulturelle, nationalistische und religiöse Abweichungen ein; die unter Chruschtschow eingeführte Praxis änderte sich aber nicht: Andersdenkende wurden erst ermahnt, dann vorgeladen und erst in letzter Konsequenz weggesperrt oder zur Ausreise gezwungen. Mit dieser Strategie war bis zu Gorbatschows Amtsantritt 1985 die Dissidentenszene zerschlagen.

4. Weltmachtpolitik

Der Prager Frühling 1968. Breschnew behandelte die Führer der Warschauer-Pakt-Staaten wie Parteisekretäre im Inland: Er sah sie als seine Klienten, um die er sich kümmerte und die ihm dafür Loyalität schuldeten. Bei den Parteitagen der KPdSU waren sie stets zugegen; Breschnew machte sich zudem zur Gewohnheit, sie im Sommer zum informellen Austausch auf die Krim einzuladen; alle Entscheidungen die Mitgliedstaaten betreffend fällten sie gemeinsam. 1964 war das Parteipräsidium ausgeschwirrt, um allen Bruderparteien zu erklären, warum Chruschtschow nicht mehr tragbar gewesen sei. Ebenso konsultierten die anderen Parteien Moskau, wollten sie einen Führungswechsel vornehmen. Breschnew unterstützte, dass 1970/71 in Polen Edward Gierek den verknöcherten Władysław Gomułka und in der DDR Erich Honecker den orthodoxen Walter Ulbricht ersetzten. Als jungen Kader begrüßte er auch Alexander Dubček, der im Januar 1968 zum neuen Parteivorsitzenden in der Tschechoslowakei gewählt wurde, dann aber schnell Reformen einleitete. Auch wenn Dubček selbst die Mitgliedschaft im Warschauer Pakt nicht in Frage stellte, forderte die nun freie Presse, stalinistische Verbrechen aufzuklären, die Verteidigungsstrategie zu überdenken und die Freundschaft mit der Sowjetunion zu hinterfragen. Während Ulbricht und Gomułka sowie Hardliner im Moskauer Politbüro schnell auf einen Einmarsch drängten, stimmte Breschnew der Niederschlagung des Prager Frühlings am 21. August erst zu, nachdem Dubček erklärt hatte, den Allmachtsanspruch der Kommunistischen Partei aufgeben zu wollen. Breschnew folgte damit dem seit 1953 geltenden sowjetischen Imperativ, kein Land «verlieren» zu dürfen. Die zur Rechtfertigung verbreitete Formel, die Selbstbestimmung der Warschauer-Pakt-Staaten ende dort, wo die Interessen des Verteidigungsbündnisses bedroht seien, taufte der Westen «Breschnew-Doktrin».

Albanien nahm den Einmarsch in die ČSSR zum Anlass, endgültig aus dem Warschauer Pakt auszutreten. Da an seinem orthodox stalinistischen Kurs kein Zweifel bestand, drohte ihm genauso wenig die Gefahr eines Einmarsches wie Jugoslawien. Auch China ging nach dem Einmarsch noch weiter auf Distanz zur Sowjetunion, nicht weil es mit der Reformbewegung sympathisiert hätte, sondern weil es das Recht auf einen eigenen Weg in den Kommunismus verfocht. Während Peking enttäuscht war, dass es in der Sowjetunion keine Restalinisierung gab, war Moskau über die Exzesse der Kulturrevolution entsetzt. Dazu kam ein Konkurrenzverhältnis im Vietnamkrieg (1955–1975) um Hilfe für und Einfluss auf die nordvietnamesischen Genossen sowie zunehmende bewaffnete Zwischenfälle an der sowjetisch-chinesischen Grenze.

Neue Westpolitik. Der entschlossene, aber weitestgehend unblutige Einmarsch in Prag stand nicht am Ende einer neuen Kooperation mit dem Westen, sondern an dessen Beginn. Mit diesem Schlag betrat Breschnew die außenpolitische Bühne als ernstzunehmender Gegner; die Zweifel Chruschtschows, der Westen könnte ihn nicht ernst nehmen, blieben ihm erspart. Breschnew hatte im Krieg die «Hölle von Noworossijsk» durchlebt und nach dem Krieg als Parteisekretär die gebrandschatzte Ukraine, das verwüstete Moldawien und das bitterarme Kasachstan wieder aufgebaut. Dementsprechend strebte er außenpolitisch danach, einen dritten Weltkrieg zu verhindern und Europa eine neue Friedensordnung zu geben. Die zunehmenden Spannungen mit China und die Angst, die USA könnten sich mit diesem verbünden, während es von Westdeutschland aufgerüstet würde, waren ein weiteres Argument für eine Annäherung an den kapitalistischen Westen. Nahezu zeitgleich nahmen Willy Brandt und Leonid Breschnew Ende 1969 Kontakt zueinander auf, um einen vertrauensvollen Austausch einzuleiten. Das Ergebnis war nicht nur die Etablierung eines «geheimen Kanals», der nur über wenige Vertraute und unter Umgehung der Ministerien Kanzler und Generalsekretär miteinander verband, sondern auch die Unterzeichnung des Moskauer Vertrags im August 1970, mit dem sich Westdeutschland endlich, 25 Jahre nach dem Krieg, dazu bekannte, die neuen deutschen Grenzen zu akzeptieren und sich jeder Aggression gegen Moskau zu enthalten. Mit Frankreich bestanden bereits seit dessen Austritt aus der militärischen Struktur der NATO und der Einrichtung einer gemeinsamen Wirtschaftskommission 1966 so enge freundschaftliche Beziehungen, dass es keines «Kanals» bedurfte. Einen weiteren geheimen Kanal richtete Breschnew aber mit dem US-Präsidenten Nixon ein, mit dem er in Moskau 1972 weitreichende Abkommen über Wirtschaftskooperationen, Technologietransfer, die gemeinsame Weltraummission Sojus-Apollo 1975 sowie den Bau einer Pepsi-Cola-Fabrik in der Sowjetunion und einer

Wodka-Destillerie in den USA unterschrieb. Während sich die Warenimporte aus den USA in die UdSSR von 1971 162 Millionen Dollar auf 1972 542 Millionen Dollar mehr als verdreifachten, galt das gleichzeitig unterschriebene Abrüstungsabkommen SALT als eigentlicher Durchbruch und Höhepunkt der Entspannung. Es folgten zwei Jahre reger Reisediplomatie und etlicher Gipfel, in denen sich Breschnew als ideologieferner Staatsmann und guter Kumpel von Georges Pompidou, Brandt und Nixon präsentierte. Sie diskutierten Wirtschaftsfragen, weitere Abrüstungsschritte und berieten auf Breschnews Drängen über die «Konferenz für Sicherheit und Zusammenarbeit in Europa (KSZE)». Es war sein Erfolg, dass seit 1973 35 Staaten über Sicherheitsfragen in Europa (Korb 1), Zusammenarbeit in Wirtschaft und Technik (Korb 2) und humanitäre Fragen (Korb 3) verhandelten. Doch als die Schlussakte am 1. August 1975 feierlich in Helsinki unterschrieben wurde, war die Euphorie über die Annäherung bereits verflogen: Pompidou war gestorben, Brandt und Nixon zurückgetreten und Breschnew inzwischen so stark tablettenabhängig, dass seine Berater die für die Vertrauensbildung so wichtigen Vier-Augen-Gespräche brüsk ablehnten.

Während die Diplomaten die Helsinki-Schlussakte für tot hielten, erlebte Korb 3 eine unverhoffte Karriere. Die Ostblockstaaten hatten die Rechte auf Reise-, Meinungs-, Presse-, Versammlungs- und andere Freiheiten nicht nur unterschreiben, sondern auch in ihren offiziellen Organen drucken müssen. Der Text war eine Offenbarung für Menschenrechtsaktivistinnen und -aktivisten. In Moskau gründete sich 1976 die erste von zahlreichen «Helsinki-Gruppen», die offen die Einhaltung der Menschenrechte einforderten; in Polen berief sich das 1976 gegründete «Komitee zur Verteidigung der Arbeiter» (KOR) genauso auf die Helsinki-Schlussakte wie die Oppositionellen in der ČSSR, als sie 1977 die «Charta 77» veröffentlichten; auch in der DDR inspirierte der Korb 3 bis 1989 Dissidenten zu zivilem Widerstand. Korb 3 war der Anfang vom Ende des Sowjetimperiums.

Neue Eiszeit. Grund für die neue Eiszeit in den Außenbeziehungen war zunächst Breschnews suchtbedingter Rückzug vom diplomatischen Parkett und die grundsätzlich größere Skepsis Helmut Schmidts, Valéry Giscard d'Estaings und Jimmy Carters, wie ernst es die Sowjetunion mit den Abrüstungsvorschlägen meine. Breschnew war zudem entsetzt, dass Carter den geheimen Kanal einstellte und die Außenpolitik reideologisierte, indem er sich lautstark für Menschenrechte in sozialistischen Regimen aussprach, während Carter selbst, wie Breschnew fand, nichts gegen die Rassendiskriminierung in den USA unternahm. Schließlich sah sich der Westen in seinem Misstrauen gegenüber dem «aggressiven Kommunismus» schlagartig bestärkt, als 1974/75 Portugal seine Kolonien in die Freiheit entließ und sich in Angola ein kommunistisches Regime etablierte, bevor es in einem blutigen, bis 2002 währenden Bürgerkrieg versank. Obwohl es kubanische Truppen waren, die in Angola den Umschwung sicherten, lasteten die USA das Eingreifen der Sowjetunion an. Gerade weil die USA und die Sowjetunion seit der Kuba-Krise tunlichst vermieden, dass ihre Truppen direkt aneinandergerieten, waren all die Krisenherde und Bürgerkriegsschauplätze im globalen Süden, die sie jeweils mit Waffen belieferten, für beide Seiten der Beweis, dass der jeweils andere mit unlauteren Mitteln und Waffengewalt die Weltherrschaft zu erringen suchte. Zwar trafen sich Breschnew und Carter im Juni 1979 in Wien, um den zweiten Abrüstungsvertrag SALT II zu unterschreiben, aber angesichts des vorherrschenden Misstrauens war beiden bereits klar, dass der US-Kongress den Vertrag niemals ratifizieren würde. Stattdessen verabschiedete der Westen ein halbes Jahr später den NATO-Doppelbeschluss, der die Stationierung neuer Mittelstreckenraketen in Europa vorsah. Während die Sowjetunion protestierte, dass der Westen damit seine militärische Überlegenheit ausbaue, argumentierte die NATO, sie würde mit dem sowjetischen Waffenarsenal nur gleichziehen.

Imperiale Hybris. Am 25. Dezember 1979, zwei Wochen nach dem NATO-Doppelbeschluss, marschierte die Sowjetunion in

Afghanistan ein. Obwohl das Politbüro stets selbst argumentiert hatte, dies wäre ein verheerender Fehler, der die Sowjetunion das restliche Vertrauen im Westen und alles Prestige in der Welt kosten würde, war diese Überlegung mit dem NATO-Doppelbeschluss passé: Das Verhältnis war zerrüttet. Dabei verband die Sowjetunion mit dem monarchistischen, seit 1973 republikanischen Afghanistan bereits seit Lenins Zeiten eine freundschaftliche Beziehung: Sie half, das Bildungssystem aufzubauen, afghanisches Gas zu fördern, Infrastrukturprojekte zu realisieren, und sorgte für einen regen Tourismus. Die kommunistische «Demokratische Volkspartei Afghanistans» wurde zwar unterstützt, aber mit Argwohn beäugt. Als diese im April 1978 den Präsidenten stürzte, geschah das ohne Kenntnis des Politbüros, das über das Terrorregime Nur Mohammed Tarakis entsetzt war. Die wiederholt von ihm angeforderte Militärhilfe zur Niederschlagung von Volksaufständen lehnte Moskau rigoros ab. Aber als Taraki im Herbst 1979 von seinem Stellvertreter Hafisullah Amin gestürzt wurde, beschloss das Politbüro, Truppen zu entsenden, um die Ordnung im Land wieder herzustellen. Ausschlaggebend waren Geheimdiensterkenntnisse, Amin habe die CIA um Hilfe gebeten. Wieder ging es darum, «kein Land zu verlieren». Doch anders als 1968 in Prag gelang es nicht, mit einer schnellen Operation die Lage unter Kontrolle zu bringen. Afghanistan entwickelte sich zum «sowjetischen Vietnam». Der Krieg kostete nicht nur 15 000 sowjetische Soldaten das Leben und weitere 54 000 ihre Gesundheit, sondern auch das Regime seine Legitimation in der eigenen Bevölkerung. Es war nach 1945 der erste Krieg, in dem sowjetische Rekruten starben. Erst 1989 wurde er von Gorbatschow beendet.

Angesichts des außenpolitischen Scherbenhaufens und des Kriegs, der die eigene Armee band, war eine weitere militärische Intervention für das Politbüro keine Option, als im August 1980 die polnische Führung unter dem Druck der Werftstreiks in Danzig die unabhängige Gewerkschaft Solidarność zuließ, die sich schnell zu einer Massenbewegung für Demokratie entwickelte und der Regierung immer neue Zugeständnisse abrang. Wie einst im Prager Frühling drängte Moskau darauf, durch Personalwechsel jene Parteiführer an die Macht zu bringen, die nicht selbst mit der Solidarność sympathisierten, sondern hart durchgreifen würden. Erst der zweite Austausch brachte Wojciech Jaruzelski an die Parteispitze, der sich von der Sowjetunion großzügige Wirtschafts- und Lebensmittelhilfen ausbedang, bevor er am 13. Dezember 1981 das Kriegsrecht verhängte und die Solidarność verbot. Trotzdem konnte sich die polnische Führung von dieser wirtschaftlichen und politischen Krise nie wieder erholen.

5. Gerontokratie

Breschnew starb im November 1982 im Alter von 76 Jahren. Die Feindschaft mit dem Westen war größer als zu Beginn seiner Mission 1969, die eigene Armee befand sich in einem aussichtslosen Krieg, die Bevölkerung konnte nur durch enorme Importe ernährt werden, die Weltmarktpreise für Öl und Gas, deren Export das Land finanzierte, begannen zu sinken, während der Spott über den greisen Generalsekretär, der weder gerade gehen noch ohne Spickzettel sprechen konnte, zunahm. Doch da Gorbatschow im Politbüro als Einziger nicht krank und senil war, änderte sich an der Situation bis 1985 wenig: Auf Breschnew folgte der ehemalige KGB-Vorsitzende Andropow, der sich vorgenommen hatte, radikal mit den von Breschnew geschützten korrupten Netzwerken aufzuräumen. Doch er litt an Diabetes und war bereits nach 100 Tagen im Amt zur regelmäßigen Dialyse gezwungen. Da es in der Sowjetunion nicht genügend Erfahrung mit der Blutwäsche gab, konnte Andropow schon Ende September 1983 das Krankenhaus nicht mehr verlassen; er starb im Februar 1984 im Alter von 70 Jahren. Ihm folgte Konstantin Tschernenko (1911–1985), der seit 1950 Breschnews rechte Hand und in dessen letzten Jahren seine Verbindung zur Außenwelt gewesen war, zuletzt aber selbst nicht mehr die Akten und Anforderungen verstanden hatte. So kam er senil ins Amt, verkündete, Andropows Antikorruptionskampagne zu beenden und zu Breschnews «Stabilität in den Kadern» zurückzukehren, und war schon wenige Monate später nicht mehr imstande, den für ihn auf Kärtchen geschriebenen Text fließend abzulesen. Angesichts einer zunehmenden Lungen- und Herzverkalkung konnte er seit Ende 1984 das Krankenhaus nicht mehr verlassen. Um das zu vertuschen, ließ seine Entourage Kulissen im Krankenzimmer errichten, vor denen er – sichtbar hinfällig – fürs Fernsehen auftrat. Er starb im März 1985 mit 74 Jahren, nur 13 Monate nach seiner Amtseinführung. Nicht nur die eigene Bevölkerung lästerte über den «Fünfjahrplan der Staatsbegräbnisse»; selbst die Führer der Bruderstaaten spotteten über die «Demonstration von Stärke», wenn die sowjetischen Genossen aus eigener Kraft die Tribüne auf dem Roten Platz erklommen.

V. Auf- und Zusammenbruch (1985–1991)

Es ist strittig, ob die Sowjetunion zusammenbrechen *musste*, weil sie sich weder den Rüstungswettlauf mit den USA noch die Wirtschaftshilfen für den globalen Süden leisten konnte. Die Wirtschaft lief zwar schlecht, aber sie lief, die Technik war veraltet, aber das glichen ausgezeichnete Fachkräfte aus, und die Menschen waren zwar der leeren Läden und Versprechungen überdrüssig, aber den Staat, in dem sie lebten, stellte nur eine Minderheit in Frage. Noch im Frühjahr 1991 sagten in einer repräsentativen Umfrage drei Viertel der Bevölkerung, dass die Sowjetunion erhalten bleiben sollte. Weit verbreitet ist daher die Theorie, dass die Sowjetunion «Selbstmord» beging, indem Gorbatschow ohne Not, aber auch ohne Absicht mit seinen Reformen eine Dynamik in Gang setzte, die er nicht mehr stoppen konnte.

Michail Gorbatschow (*1931) prägte eine andere Biographie als seine Vorgänger, als er im März 1985 mit nur 54 Jahren Generalsekretär wurde: Er gehörte nicht der ersten sowjetischen Generation an, war kein Ingenieur, weder Täter noch Opfer des Großen Terrors, auch wenn seine beiden Großväter verhaftet wurden, war kein Weltkriegsveteran, auch wenn er in seinem Dorf gefallene Soldaten sah. Er wurde 1931 in Südrussland am Fuß des Kaukasus geboren, wo er als Bauernkind bitterarm aufwuchs, bevor er erst Jura in Moskau und später landwirtschaftliche Ökonomie studierte und 1968 Gebietssekretär von Stawropol wurde. Dort lernte ihn Andropow bei einem seiner Kuraufenthalte kennen und holte ihn 1978 nach Moskau. Als Mitglied des Politbüros erlebte Gorbatschow den «Marxismus-Senilismus» in seiner schlimmsten Form. Die Erstarrung der alten Männer und Strukturen war ihm zutiefst zuwider. Wie Chruschtschow träumte er von einer Wiederbelebung der Partei, von freien Wahlen – innerhalb der Partei, von offenen Diskussionen über Missstände – innerhalb des Systems, von Postenvergabe an Leistungsträger statt Klienten, aber innerhalb der Partei. Den Sozialismus stellte er nicht in Frage: «Mehr Sozialismus bedeutet mehr Dynamik, Elan und schöpferische Anstrengung, (...) sowie ein besseres und reicheres Leben für das Volk.»

1. Perestroika und Glasnost

Noch im April 1985 kündigte Gorbatschow sein Programm des Umbaus – der Perestroika – an, die letztlich vor nichts und niemandem Halt machen sollte: weder vor den Eliten, der politischen Struktur, der Wirtschaft noch der Gesellschaft, der Vergangenheitsbewältigung oder Öffentlichkeit. Transparenz und Öffnung – Glasnost war Teil des Reformprogramms, das sich Gorbatschow auf dem 27. Parteitag 1986 bestätigen ließ, auf dem er die Breschnew-Zeit für Korruption und Stagnation verdammte. Gorbatschow räumte mit Breschnews Klientelsystem auf und tauschte in den ersten zwei Jahren einen Großteil der Politbüromitglieder, Minister, Republikchefs und andere Führungskader gegen jüngere Kräfte aus. Auch wenn dies der umfassendste Personalwechsel seit Stalins Großem Terror war, entwickelte die größere Dynamik seit 1986 die Glasnost, die dazu führte, dass bald alles sagbar war und ab 1987 de facto Pressefreiheit herrschte. Was sich Gorbatschow als Wiederbelebung der Tradition von Kritik und Selbstkritik vorgestellt hatte, um Fehler und Versäumnisse zu beheben, entwickelte sich zu einer überbordenden Meinungsvielfalt, die vor nichts und niemandem Halt machte. Der Zeitungsmarkt explodierte regelrecht; die schon immer lesebegierigen Sowjetmenschen rissen sich die Blätter mit den neusten Enthüllungen aus den Händen. Was sie lasen, empörte und schockierte sie: dass die Menschen in kapitalistischen Ländern ein viel besseres Sozialsystem hatten und keineswegs ausgebeutete Kreaturen waren, dass viele junge Männer in Afghanistan sinnlos starben, dass Umweltprobleme sich nicht auf den Kapitalismus beschränkten, sondern der Aralsee tatsächlich austrocknete, dass die Gräueltaten und Gewaltverbrechen Stalins noch unvorstellbarer waren, als unter Chruschtschow zugegeben. Im Dezember 1986 durfte der nach Gorki verbannte Sacharow nach Moskau zurückkehren, und im Februar 1987 folgte die Freilassung der meisten politischen Gefangenen. Nahezu alle Opfer des stalinistischen Terrors, die unter Chruschtschow noch tabu waren, wurden rehabilitiert. Auch wenn Gorbatschow die Zwangskollektivierung noch verteidigte, bekamen Historikerinnen und Historiker erstmals Zugang zu brisanten Archivbeständen.

Während das westliche Ausland Gorbatschow bald als Neuerer feierte, sahen ihn viele Intellektuelle und informelle Gruppen als Bremser, denn obwohl er sich 1987 zum Jahrestag der Oktoberrevolution für eine Demokratisierung aussprach, wollte er keine anderen Parteien zulassen oder gar die Macht der KPdSU aus der Verfassung streichen. Die 1988 eingeleitete Reform der Sowjets und die Neuschaffung eines Kongresses der Volksdeputierten ließ daher zwar die Wahl zwischen verschiedenen Kandidaten, aber nicht von verschiedenen Parteien zu. Trotz eines komplizierten Wahlsystems, das der KPdSU die Mehrheit sichern sollte, schafften es etliche freie, von informellen Gruppen unterstützte Kandidaten in das neue Parlament, darunter auch Sacharow. Gorbatschow, der 1988 wie Breschnew das Amt des Vorsitzenden des Präsidiums des Obersten Sowjets übernahm, ließ sich vom Kongress im Mai 1989 zum Vorsitzenden des Obersten Sowjets mit neuen Kompetenzen wählen. Den Umbau zum Präsidialsystem schloss der Volksdeputiertenkongress im März 1990 mit einer Verfassungsänderung und der Wahl Gorbatschows zum Präsidenten ab. Gleichzeitig strich der Kongress den Machtanspruch der KPdSU aus der Verfassung.

2. Bankrott der Technikgläubigkeit

Glasnost war entscheidend dafür, dass die folgenden Krisen und Katastrophen eine solche Wucht entfalteten. Die mediale Öffentlichkeit brachte sowohl das ganze Ausmaß der Katastrophen als auch die Verschleierungsversuche und Hilflosigkeit der Behörden ans Licht und trugen damit entscheidend zur Delegitimierung der UdSSR bei. Verheerend war zudem, dass sich die Sowjetunion immer als Staat der Technik und Ingenieure gefeiert hatte, die die Naturgewalten bezwangen. Diesen Mythos zerstörte die Reaktorexplosion im ukrainischen Tschernobyl am 26. April 1986 unwiderruflich. Ursache war eine Fehleinschätzung junger Ingenieure bei der Durchführung eines Routine-Notfalltests. Während Feuerwehr- und Bergleute unter Einsatz ihres Lebens versuchten, das Feuer zu löschen und ein Durchschmelzen des brennenden Reaktors zu verhindern, evakuierten die Behörden die gesamte nahegelegene Stadt Pripjat mit 48 000 Menschen. Insgesamt wurden 69 Siedlungen geräumt und zum Sperrgebiet erklärt; vier Millionen Menschen starben oder erkrankten dauerhaft. Ironischerweise gab es die besten Spezialisten zur Behandlung von Strahlenkrankheit in Moskau, während Gorbatschow halbseidene «Spezialisten» aus den USA einlud und damit sowohl die eigene Bevölkerung als auch die Außenwelt in dem Vorurteil bekräftigte, die Sowjetunion sei rückständig und der Lage nicht gewachsen. 1988 kam es zu den ersten Massenprotesten, als die Kinder in den verseuchten Gebieten wieder zur Schule gehen sollten.

Eine ähnliche Wirkung entfaltete das verheerende Erdbeben in Armenien am 7. Dezember 1988. Wieder zeigte sich, dass die Sowjetmenschen die Natur keineswegs beherrschten und die Behörden nicht auf eine solche Katastrophe vorbereitet waren, die mindestens 25 000 Todesopfer forderte und eine halbe Million Menschen bei Minustemperaturen obdachlos machte.

3. Kollaps der Wirtschaft

Die Perestroika – der Umbau – war es, der der Planwirtschaft den Todesstoß versetzte: Die neuen marktwirtschaftlichen Elemente waren nicht mit den Strukturen der Kommandowirtschaft vereinbar, und so kam das filigrane Zusammenspiel von offiziellen Produktionszahlen und inoffiziellem Umsatz von Rohstoffen und Waren zum Erliegen. Nachdem Gorbatschow es anfangs wie Breschnew mit Parolen («Beschleunigung») und Beschwörungen (bis zum Jahr 2000 die USA in der industriellen Produktion einzuholen) versucht hatte, begann ab 1987 der Umbau der Wirtschaft mit einer gewagten Mischung aus Ideen der NÖP, Kossygins Reformen, Marktmechanismen und Staatskontrolle: Seit 1987 waren Joint Ventures mit dem Ausland sowie private Dienstleistungen im Bereich Service und Handwerk erlaubt. 1988 bekamen Unternehmen das Recht, Arbeitskräfte zu entlassen und ihre Produktionspläne selbst festzulegen. Ab 1989 konnten Landwirte privat Grund und Boden pachten und Kolchosen und Sowchosen in Privatwirtschaften überführen. Da seit 1988 die Belegschaften selbst entschieden, wer ihre Interessen an der Spitze des Unternehmens vertrat, erhöhten sich die Arbeiter selbst kräftig die Löhne; die Direktoren verwandelten das Kapital der Firmen in Bargeld, um ihre Arbeiter bezahlen zu können, und die Schere zwischen Kaufkraft und Warenangebot öffnete sich erneut, zumal die Betriebe ihre Produktionspläne nach unten korrigierten. Republiken, Regionen und Unternehmen, die vorher gezwungen waren, Rohstoffe oder Güter nach Soll abzugeben, entschieden nun selbst, wen sie belieferten. Der Mangel traf daher besonders die armen zentralasiatischen Republiken hart, deren Wunsch, von der Monokultur der Baumwolle wegzukommen, die Zentrale ignorierte. Obwohl sich Gorbatschow im Ausland Millionenkredite geben ließ, um die marode Wirtschaft zu stützen, stieg die Zahl der «Defizitprodukte» stetig, und die Unzufriedenheit der Menschen wuchs im gleichen Maße wie die Schlangen vor den leeren Geschäften. Ab Herbst 1990 gab es wieder Lebensmittelkarten und Care-Pakete aus dem Westen.

Katastrophal für das Image Gorbatschows und seiner Perestroika wirkte sich zudem die Kampagne gegen Alkoholismus aus, die ab Mai 1985 dafür sorgte, dass die Sowjetbürger für Wodka stundenlang vor Alkoholläden anstehen mussten. Wodka war Teil der slawischen Tischkultur und Trost im tristen Alltag. Während Alkoholiker auf Selbstgebranntes und -gepantschtes umstiegen, zerstörte die Regierung die jahrhundertealten Weinanbaugebiete in Georgien und auf der Krim und brachte die braven Sowjetmenschen gegen sich auf, die sich um den Tropfen für den Feierabend oder die Familienfeier betrogen sahen.

4. Das Ende des Kalten Kriegs

Gorbatschow beendete das Wettrüsten nicht allein wegen der Kosten, sondern auch aus Überzeugung. Wie der junge Breschnew trat er bei seinen zahlreichen Auslandsreisen als westlicher Staatsmann auf; mit seiner gebildeten, gut gekleideten Frau Raissa an der Seite wirkten sie wie ein Intellektuellenpaar, dem die westliche Presse bald zu Füßen lag. Während Helmut Kohl den Generalsekretär angesichts seiner Medienfähigkeit anfangs mit Joseph Goebbels verglich, war Ronald Reagan gewillt, Gorbatschow beim Wort zu nehmen, als er ihn im Oktober 1986 erstmals zu Abrüstungsgesprächen in Reykjavík traf. Der Durchbruch gelang ihnen im Dezember 1987, als sie mit dem INF-Vertrag erfolgreich alle Mittelstreckenraketen aus Europa verbannten. Bereits zuvor hatte Reagan Gorbatschow in Berlin aufgerufen: «Mr. Gorbatschow, reißen Sie diese Mauer ein!»

Tatsächlich ermutigte und drängte Gorbatschow wie einst Chruschtschow die Mitglieder der Warschauer-Pakt-Staaten zu Reformen im Geist von Perestroika und Glasnost. Da die Versorgung der «Bruderstaaten» eine zunehmende wirtschaftliche Bürde war, ließ Gorbatschow den Mitgliedern des Warschauer Pakts freie Hand und setzte damit die Breschnew-Doktrin außer Kraft. Der Sprecher seines Außenministers Schewardnadse nannte es die «Sinatra-Doktrin» in Anlehnung an dessen Lied «I did it my way». Moskau schritt nicht ein, als in Polen die Regierung seit Anfang 1989 mit der Solidarność am runden Tisch über deren Beteiligung an der Macht verhandelte und es im Juni 1989 zu weitgehend freien Wahlen kam, als Ungarn im Mai 1989 begann, die Grenzanlagen zu Österreich abzubauen, so dass im Sommer über die ungarische Grenze und die westdeutsche Botschaft in Prag Tausende von DDR-Bürgerinnen und -Bürgern in den Westen flüchteten. Als Gorbatschow im Oktober 1989 zum 40. Jahrestag der DDR Ost-Berlin besuchte, prägte er den an Erich Honecker gerichteten Satz: «Wer zu spät kommt, den bestraft das Leben.» Auch die Öffnung der Berliner Mauer am 9. November 1989 und die samtene Revolution in der Tschechoslowakei im November 1989 ließ Gorbatschow geschehen. Innerhalb kürzester Zeit stimmte er im Rahmen der Zwei-plus-vier-Gespräche, die die vier Alliierten mit den beiden deutschen Staaten führten, der deutschen Wiedervereinigung zu, die bereits am 3. Oktober 1990 vollzogen wurde. 45 Jahre nach Kriegsende gab es damit einen Friedensvertrag. Im Sommer 1991 lösten sich der Warschauer Pakt und der RGW auf. Die letzten Truppen zog Russland 1994 aus der ehemaligen DDR ab.

5. Das Zerbrechen des Imperiums

«Völkerfrühling». Wie der Warschauer Pakt zerfiel auch die «Union der sozialistischen Sowjetrepubliken». Entscheidend war dafür Glasnost, denn die Enthüllung, dass die 15 Republiken keineswegs freiwillig und friedlich zusammenlebten, entfaltete eine nicht zu stoppende Sprengkraft. Die lokalen Medien deckten die Deportationen der Ethnien unter Stalin, von den Balten bis zu den Tschetschenen, in ihrem ganzen Ausmaß auf. Gleichzeitig bewies Gorbatschow wie seine Vorgänger wenig Sensibilität für die Nationalitätenfragen. In Kasachstan provozierte er 1986 erste blutige Unruhen, als er den Republikführer durch einen Russen ersetzte. Perestroika begriffen zudem viele Menschen im Kaukasus und Zentralasien als Chance, nach den jahrzehntelangen Konflikten nun Staatsgebiete «umzubauen» und Grenzverläufe neu zu ziehen. So eskalierte im Februar 1988 die Auseinandersetzung um Bergkarabach mit einem Pogrom in Sumgait bei Baku, das der blutige Auftakt zu ethnischen Vertreibungen in Armenien und Aserbaidschan war und tägliche Massendemonstrationen in Jerewan und Baku bis in den Spätsommer 1989 hervorrief. Anfang 1990 schlug der Konflikt in bewaffnete Auseinandersetzungen zwischen den beiden Republiken um, die nach deren Selbständigkeit in einen blutigen Krieg (1992–1994) mündeten. Die Aufnahme aus Aserbaidschan geflüchteter Armenier führte in Tadschikistan Anfang 1990 zu blutigen Protesten. In Georgien schürte das Unabhängigkeitsbegehren der Abchasier den Volkszorn der Georgier, deren Massenkundgebungen im April 1989 das Militär niederschlug. Als zweiter Krisenherd in Georgien entwickelte sich Südossetien, das sich im September 1990 für unabhängig erklärte und damit einen zweijährigen bewaffneten Konflikt auslöste.

In Usbekistan, in dem drei alte Kulturen zusammengezwungen worden waren, gingen seit 1988 Zehntausende junger Usbeken auf die Straße, um für mehr kulturelle Freiheit und gegen die Zerstörung des Landes durch die Baumwoll-Monokultur zu demonstrieren. Im Sommer 1989 eskalierten im Fergana-Tal blutige Auseinandersetzungen zwischen Usbeken und den von Stalin hierher deportierten meschketischen Türken. In Kirgisien kam es 1990 zu ethnischen Zusammenstößen mit Usbeken, die auch nach 1991 immer wieder blutig aufbrechen sollten.

Der stärkste Impuls zur Auflösung der Sowjetunion kam aber aus den baltischen Republiken, wo sich in Opposition zur russisch dominierten KP Volksfronten bildeten. Ab Sommer 1988 verlangten Esten, Letten und Litauer mehr Autonomie, ein Ende des Zuzuges von Russen und prangerten vor allem ihre gewaltsame Eingliederung in die Sowjetunion 1940 an. Zum 50. Jahrestag des Hitler-Stalin-Pakts am 23. August 1989 bildeten sie zwischen den drei Hauptstädten eine 600 km lange Menschenkette. Doch erst im Dezember 1989 gestand Gorbatschow die Existenz des Zusatzprotokolls zum Hitler-Stalin-Pakt ein. Daraufhin erklärte sich Litauen als erste Republik im März 1990 für unabhängig. Weder Wirtschaftssanktionen noch der blutige Einsatz von Militär im Januar 1991 konnten diese Bewegung stoppen.

Putsch. Angefangen mit Estland hatten sich zwischen 1988 und Herbst 1990 alle Republiken für souverän erklärt, einschließlich Russlands. Seit Anfang 1991 verhandelte Gorbatschow mit neun Republiken über einen neuen Unionsvertrag, den er mit deren Vertretern im April in einer ersten Fassung unterschrieb und den sie nach einer weiteren Überarbeitung am 20. August endgültig signieren wollten. Doch angesichts des drohenden Machtverlusts erklärten führende Regierungsmitglieder am 18. August den Notstand und den am Schwarzen Meer urlaubenden Gorbatschow für abgesetzt. Daraufhin rief der im Juni 1991 triumphal als erster russischer Präsident gewählte Boris Jelzin (1931–2007) zum Widerstand auf und stellte sich mit Protestierenden in Moskau den Panzern entgegen, bis die Putschisten am 21. August ihr Scheitern eingestanden und Gorbatschow nach Moskau zurückkehren konnte. Doch mit dem Putsch war auch die Reform der Union gescheitert. Bis Oktober erklärte ein Großteil der Republiken ihren Austritt aus der UdSSR. Dem langsamen Dahinsiechen des Staates bereiteten die Präsidenten Russlands, Weißrusslands und der Ukraine ein Ende, als sie am 7./8. Dezember konspirativ den Vertrag für eine Gemeinschaft unabhängiger Staaten (GUS) entwarfen, den am 21. Dezember elf Republikführer unterschrieben; die baltischen Staaten und Georgien fehlten. Am 25. Dezember 1991 trat Gorbatschow als Präsident zurück; am 26. Dezember trat der Oberste Sowjet ein letztes Mal zusammen, um die Auflösung der UdSSR zu beschließen. Die rote Fahne über dem Kreml wurde eingeholt und durch die russische Trikolore ersetzt. Russland übernahm die offizielle Rechtsnachfolge inklusive der Kontrolle über die sowjetischen Atomwaffen.

Nachwirkungen und Altlasten

1. Das Erbe der Geschichte

Wie sich die 15 neuen Staaten ab 1992 entwickelten, hat viel mit ihrer jeweiligen Geschichte zu tun: (1) welche ethnischen bzw. territorialen oder auch zwischen Familienclans ausgetragenen Konflikte sie aus der Zaren- und Sowjetzeit erbten, die in blutigen Kriegen ausgekämpft wurden und bis heute die Staaten destabilisieren (zwei Tschetschenienkriege in Russland, der Bergkarabach-Konflikt zwischen Armenien und Aserbaidschan, die Abspaltung Transnistriens von Moldau sowie Südossetiens und Abchasiens von Georgien, die Zusammenstöße mit Usbeken in Kirgistan, der Bürgerkrieg zwischen Clans in Tadschikistan); (2) ob die Länder reich an Rohstoffen sind, auf denen sie Wohlstand aufbauen konnten (Russland, Aserbaidschan, Kasachstan), da keine Sowjetrepublik auf dem Weltmarkt konkurrenzfähige Produkte anzubieten hatte; (3) in welchem Maße die jeweilige Bevölkerung die Sowjetzeit als Fremdherrschaft verurteilte, uneingeschränkt Demokratie als Wert an sich feierte und damit auch zielstrebig die EU- und NATO-Mitgliedschaft suchte (Estland, Lettland, Litauen); (4) wie resistent gewachsene Strukturen, Unterdrückungspraktiken und personelle Netzwerke in der Wirtschaft, im Militär- und Sicherheitsapparat und in der politischen Elite waren und sich einer grundlegenden und langfristigen Erneuerung erfolgreich widersetzten (Aserbaidschan, Belarus, Kasachstan, Russland, Turkmenistan, Usbekistan); (5) welche Chancen vor diesem Hintergrund die zahlreichen «bunten» Revolutionen oder Proteste hatten, in denen die Menschen gegen Korruption und Wahlfälschung aufbegehrten (Belarus, Georgien, Kirgistan, Russland, Ukraine); (6) in welchem Maße der Untergang der Sowjetunion als Verlust konstruiert wurde, um daraus die Legitimation für ein autoritäres Regime, Nostalgie und einen alt-neuen Hegemonialanspruch gegenüber anderen ehemaligen Sowjetrepubliken abzuleiten (Belarus und Russland). Kurz gesagt, zeigt die Auflösung der Sowjetunion lehrbuchartig, welche Wirkkraft Geschichte in allen Bereichen des Lebens entfaltet: Anders als von vielen Analysten erträumt, erschienen mit dem Wegfall des alten politischen Systems nicht automatisch 15 funktionierende, «lupenreine» Demokratien, in denen erste freie Wahlen automatisch zum Aufbau von demokratischen Strukturen, Mehrparteiensystemen, echter Gewaltenteilung sowie Wohlstand und Wirtschaftswachstum führten. Auch wenn viele westliche Ökonomen darüber fantasierten, war die postsowjetische Wirtschaft kein weißes Blatt, auf das sich einfach die Lehrbuchkonzepte von Kapitalismus und Marktwirtschaft übertragen ließen. Anders als es viele ehemalige Sowjetmenschen gewohnt waren und bald vermissten, funktionierten die neuen Strukturen nicht mehr als paternalistische Wohlfahrtsstaaten, sondern verlangten ihnen eine schmerzhafte Umstellung ab, sich selbst um Bildung, einen Arbeitsplatz, eine Wohnung und die Gesundheitsvorsorge zu kümmern. Die Erkenntnis, dass Demokratie und Marktwirtschaft weder ein Naturzustand sind noch für alle Menschen und Regierungen gleichermaßen erstrebenswert, war und ist bis heute eine bittere und immer wieder verleugnete Erkenntnis. Ernüchternd war auch, dass weder die GUS noch die 2000 gegründete Eurasische Wirtschaftsgemeinschaft, seit 2015 Wirtschaftsunion mit sechs Mitgliedsstaaten, an Bedeutung, Integrations- oder Wirtschaftskraft dem Vorbild der EU auch nur nahe kommt. Die wirtschaftlichen, politischen, aber auch ideellen Vorstellungen differierten zu sehr, als dass sich in Nachfolge der Sowjetunion eine international bedeutende Allianz hätte bilden können. Zu diesem Misserfolg trug Russland entscheidend bei, als es mehrfach versuchte, seine Nachbarn mit der Unterbrechung von Öl- und Gaslieferungen (Ukraine, Belarus, Georgien) bzw. der Drohung, massenweise Gastarbeiter nach Hause (Zentralasien) zu schicken, unter Druck zu setzen und damit die eigene Vormachtstellung zu befestigen.

2. Die Rückkehr der Sowjetunion

So schwierig es heute noch ist, die mehr als 30 Jahre seit dem Zusammenbruch der Sowjetunion in für alle 15 Staaten gleichermaßen gültige Entwicklungsphasen zu unterteilen, so eindeutig erscheint, dass der Überfall Russlands auf die Ukraine am 24. Februar 2022 eine Zeitenwende markiert. Nicht nur die ehemaligen Sowjetrepubliken, sondern alle europäischen Staaten sind damit konfrontiert, dass Wladimir Putin (*1952) einen Angriffskrieg als legitimes Mittel für Grenzverschiebungen betrachtet. Damit hat er nicht nur die Grundsätze der Gemeinschaft Unabhängiger Staaten verletzt, die Russland und die Ukraine 1991 gemeinschaftlich unterzeichneten. Putin stellt damit auch die Sicherheitsordnung in Europa nach dem Kalten Krieg in Frage. Er macht zunichte, was Breschnew 1975 in Helsinki mit der KSZE, heute OSZE, errang: dass die Grenzen in Europa nicht durch Waffengewalt verändert werden. Selbst die seit der Kuba-Krise bestehende Übereinkunft des Kalten Krieges zerstörte Putin, als er dem Westen unverhohlen mit dem Einsatz von Atomwaffen drohte. Was Putin offensichtlich anstrebt, ist eine Wiederherstellung der Sowjetunion. Dabei galt lange als unwahrscheinlich, dass er sich tatsächlich das Territorium der ehemaligen Republiken wieder aneignen wolle. Es schien, als reiche ihm, als Hegemonialmacht gefürchtet zu sein und in allen dem Westen zugeneigten Staaten einen eingefrorenen Konflikt zu unterhalten, mit dem er das jeweilige Land destabilisieren und damit deren NATO-Beitritt vereiteln konnte (Georgien, Moldau, Ukraine). Putin verfolgt mit seiner aggressiven Hegemonialpolitik offenbar zwei Motive: innenpolitisch die russische Bevölkerung vor einer Demokratisierung abzuschrecken, indem er ihr vor Augen führt, dass das in den Nachbarstaaten zu Chaos, wirtschaftlichem Verfall und der Herrschaft von «Neonazis» und «Nationalisten» führt; außenpolitisch wieder den Status der gefürchteten atomaren Supermacht einzunehmen. Sowohl die Neuerschaffung «des Westens» als Feindbild als auch der geopolitische Machtanspruch, angefangen mit der Annexion der Krim 2014, der Abspaltung der Ostukraine im selben Jahr und dem Angriff auf das ganze Land 2022, sollen die Bevölkerung in einer Art Wagenburgmentalität bzw. patriotischer Euphorie hinter Putin zusammenschweißen. Wer sich kritisch dazu äußert, muss inzwischen mit drakonischen Strafen rechnen.

3. Geschichte als Kriegsvorwand

Putin, der seit 2000 Russlands Präsident ist, hat im Laufe der Jahre ein instrumentelles Geschichtsbild entwickelt, mit dem er nicht nur die kontinuierliche Zerstörung aller demokratischen Strukturen in Russland, sondern auch den Angriff auf die Ukraine rechtfertigt. Danach erlebte Russland in den 1990er Jahren eine Zeit des Chaos, des wirtschaftlichen Niedergangs, der sozialen Not und großer Kriminalität, weil Russland, so Putin, für eine Demokratie und ein Mehrparteiensystem nicht reif sei. Anstatt Russland eine Zukunftsvision zu geben, führt er das Land in die Vergangenheit zurück: Bereits im Jahr 2000 wurde die alte sowjetische Nationalhymne als neue russische wiedereingeführt, 2005 äußerte Putin zum ersten Mal, dass der Zusammenbruch der Sowjetunion die «größte geopolitische Katastrophe» des 20. Jahrhunderts gewesen sei, 2007 warnte er den Westen davor, sich am Erbe der sowjetischen Nachfolgestaaten zu vergreifen.

Gleichwohl gab es immer wieder auch andere Signale, etwa als Putin 2001 im deutschen Bundestag die Informationsgesellschaft, Demokratie und Freiheit pries, denen die «totalitäre stalinistische Ideologie» nicht standhalten konnte, oder als er sich 2010 zum 70. Jahrestag von Katyn über den Massengräbern von polnischen Offizieren verneigte oder 2014 die Errichtung eines Denkmals für die Opfer des Stalinismus in Moskau beauftragte. Im Widerspruch dazu steht, dass die NGO Memorial, die sich 1988 gründete, um ein solches Denkmal zu erwirken und die stalinistische Geschichte aufzuarbeiten, 2016 dazu verurteilt wurde, sich «ausländischer Agent» zu nennen. Im Dezember 2021 wurde sie verboten, u. a. weil sie die Sowjetunion als Terrorstaat verunglimpfe. Während ein erstes Gesetz von

2009, das «Geschichtsfälschung» – gemeint war ein kritisches Bild der Roten Armee – unter Strafe stellte, 2012 wieder zurückgenommen wurde, erging 2014 ein neuer Ukas, der denen Strafe androht, die «Lügen» über den Zweiten Weltkrieg verbreiten. 2021 wurde es verboten, die Rolle der Sowjetunion mit der NS-Deutschlands im Zweiten Weltkrieg gleichzusetzen oder die Ergebnisse der Nürnberger Kriegsverbrecherprozesse in Frage zu stellen, wo kein Urteil gegen die UdSSR wegen der Verbrechen von Katyn erging. Tatsächlich ist der «Große Vaterländische Krieg» der zentrale Bezugspunkt für Putin: Wie einst Breschnew versucht er mit den Paraden am 9. Mai, den Sieg und Ruhm von 1945 als seine Legitimationsgrundlage zu vereinnahmen. 2020 verschickte er einen geschichtsrevisionistischen Essay auch an alle Osteuropaexpertinnen und -experten in Deutschland, in dem er Polen, Opfer des Hitler-Stalin-Pakts, eine maßgebliche Mitschuld am Zweiten Weltkrieg zuwies. Im Juli 2021 führte er in einem weiteren historischen Pamphlet aus, dass die Ukraine kein Existenzrecht habe, weil Lenin sie aus Großmut erschuf und Gorbatschow sie aus Leichtsinn entließ. Damit machte er die sowjetische Geschichte zum Vorwand für seinen Angriffskrieg. Es scheint, als habe sich Putin Breschnews Doktrin zu eigen gemacht, die Souveränität ehemaliger Sowjetrepubliken dort enden zu lassen, wo sie sich erfolgreich demokratisieren und in die EU oder NATO streben.

Quellen- und Literaturverzeichnis

Adamowitsch, Ales; Granin, Daniil: Blockadebuch Leningrad 1941–1944, Berlin 2018.

Alekseyeva, Ludmilla: Soviet dissent. Contemporary movements for national, religious, and human rights, Middletown 1985.

Alexijewitsch, Swetlana: Der Krieg hat kein weibliches Gesicht, Berlin 2015.

Applebaum, Anne: Der Gulag, Berlin 2003.

Baberowski, Jörg: Der rote Terror. Die Geschichte des Stalinismus, Frankfurt am Main 2014.

Belge, Boris; Deuerlein, Martin (Hg.): Goldenes Zeitalter der Stagnation? Perspektiven auf die sowjetische Ordnung der Brežnev-Ära, Tübingen 2014.

Brown, Kate: Manual for survival. A Chernobyl guide to the future, New York, London 2019.

Chlewnjuk, Oleg: Stalin. Eine Biographie, München 2015.

Chlewnjuk, Oleg: Das Politbüro. Mechanismen der politischen Macht in der Sowjetunion der dreißiger Jahre, Hamburg 1998.

Chruschtschow, Nikita: Chruschtschow erinnert sich, hg. v. Strobe Talbott, Reinbek bei Hamburg 1971.

Dobson, Miriam: Khrushchev's cold summer. Gulag returnees, crime, and the fate of reform after Stalin, Ithaca 2009.

Fitzpatrick, Sheila: Everyday Stalinism. Ordinary life in extraordinary times. Soviet Russia in the 1930s, Oxford 2000.

Fürst, Juliane: Flowers through concrete. Explorations in Soviet hippieland, Oxford 2021.

Ganzenmüller, Jörg: Das belagerte Leningrad 1941–1944. Die Stadt in den Strategien von Angreifern und Verteidigern, Paderborn, München, Wien, Zürich 2005.

Gorsuch, Anne E. (Hg.): Turizm. The Russian and East European tourist under capitalism and socialism, Ithaca 2006.

Grossman, Wassili; Erenburg, Ilja (Hg.): Das Schwarzbuch. Der Genozid an den sowjetischen Juden, Reinbek bei Hamburg 1995.

Hellbeck, Jochen (Hg.): Tagebuch aus Moskau 1931–1939, München 1996.

Högselius, Per: Red gas. Russia and the origins of European energy dependence, Basingstoke 2013.

Chruschtschow, Sergej: Die Geburt einer Supermacht. Ein Buch über meinen Vater, Klitzschen 2003.

Kindler, Robert: Stalins Nomaden. Herrschaft und Hunger in Kasachstan, Hamburg 2014.
Kopelev, Lev: Und schuf mir einen Götzen. Lehrjahre eines Kommunisten, Göttingen 2003.
Kotkin, Stephen: Magnetic mountain. Stalinism as a civilization, Berkeley 1995.
Kotkin, Stephen: Armageddon averted. The Soviet collapse, 1970–2000, Oxford, New York, Auckland, Cape Town 2008.
Kozlov, Denis (Hg.): The thaw. Soviet society and culture during the 1950s and 1960s, Toronto 2014.
Kucher, Katharina: Der Gorki-Park. Freizeitkultur im Stalinismus 1928–1941, Köln, Weimar, Wien 2007.
Lehmann, Maike: Eine sowjetische Nation. Nationale Sozialismusinterpretationen in Armenien seit 1945, Frankfurt am Main 2012.
Merridale, Catherine: Iwans Krieg. Die Rote Armee 1939 bis 1945, Frankfurt am Main 2006.
Merridale, Catherine: Lenins Zug. Die Reise in die Revolution, Frankfurt am Main 2017.
Obertreis, Julia: Tränen des Sozialismus. Wohnen in Leningrad zwischen Alltag und Utopie 1917–1937, Köln 2004.
Pipes, Richard: Die Russische Revolution, 3 Bde., Berlin 1992.
Reed, John: Zehn Tage, die die Welt erschütterten, Berlin 1988.
Schattenberg, Susanne: Stalins Ingenieure. Lebenswelten zwischen Technik und Terror in den 1930er Jahren, München 2002.
Schattenberg, Susanne: Leonid Breschnew. Staatsmann und Schauspieler im Schatten Stalins. Eine Biographie, Köln, Weimar, Wien 2017.
Schlögel, Karl: Petersburg. Das Laboratorium der Moderne, 1909–1921, München, Wien 2002.
Sebag Montefiore, Simon: Stalin. Am Hof des roten Zaren, Frankfurt am Main 2005.
Siegelbaum, Lewis H.: Cars for comrades. The life of the Soviet automobile, Ithaca 2008.
Slezkine, Yuri: Das Haus der Regierung. Eine Saga der Russischen Revolution, München 2018.
Slezkine, Yuri: Das jüdische Jahrhundert, Göttingen 2007.
Snyder, Timothy: Bloodlands. Europa zwischen Hitler und Stalin, München 2011.
Starr, S. Frederick: Red and hot. Jazz in Rußland von 1917–1990, Wien 1990.
Stephan, Anke: Von der Küche auf den Roten Platz. Lebenswege sowjetischer Dissidentinnen, Zürich 2004.
Stites, Richard: Russian popular culture. Entertainment and society since 1900, Cambridge 1994.
Taubman, William: Khrushchev. The man and his era, New York 2003.

Taubman, William: Gorbatschow. Der Mann und seine Zeit. Eine Biographie, München 2018.

Teichmann, Christian: Macht der Unordnung. Stalins Herrschaft in Zentralasien 1920–1950, Hamburg 2016.

Weber, Claudia: Der Pakt. Stalin, Hitler und die Geschichte einer mörderischen Allianz 1939–1941, München 2019.

Yurchak, Alexei: Everything was forever, until it was no more. The last Soviet generation, Princeton 2006.

Zubkova, Elena: Russia after the war. Hopes, illusions, and disappointments, 1945–1957, Armonk, NY 1998.

Zubok, Vladislav M.: A failed empire. The Soviet Union in the Cold War from Stalin to Gorbachev, Chapel Hill 2007.

Zubok, Vladislav M.: Collapse. The fall of the Soviet Union, New Haven 2021.